독자의 1초를 아껴주는 정성!

세상이 아무리 바쁘게 돌아가더라도
책까지 아무렇게나 빨리 만들 수는 없습니다.
인스턴트 식품 같은 책보다는
오래 익힌 술이나 장맛이 밴 책을 만들고 싶습니다.

길벗은 독자 여러분이
가장 쉽게, 가장 빨리 배울 수 있는 책을
한 권 한 권 정성을 다해 만들겠습니다.

독자의 1초를 아껴주는
정성을 만나보십시오.

미리 책을 읽고 따라해본 2만 베타테스터 여러분과
무따기 체험단, 길벗스쿨 엄마 2% 기획단,
시나공 평가단, 토익 배틀, 대학생 기자단까지!
믿을 수 있는 책을 함께 만들어주신 독자 여러분께 감사드립니다.

(주)도서출판 길벗 www.gilbut.co.kr
길벗 이지톡 www.gilbut.co.kr
길벗스쿨 www.gilbutschool.co.kr

KB109021

웹소설 써서
먹고삽니다

웃기는 작가 **빵무늬**의 돈 되는 작법 수업

정무늬 지음

길벗

웹소설 써서 먹고삽니다
Living by Writing Web Fiction

초판 1쇄 발행 · 2021년 4월 13일
초판 6쇄 발행 · 2024년 6월 3일

지은이 · 정무늬
발행인 · 이종원
발행처 · (주)도서출판 길벗
출판사 등록일 · 1990년 12월 24일
주소 · 서울시 마포구 월드컵로 10길 56(서교동)
대표 전화 · 02)332-0931 | **팩스** · 02)323-6766
홈페이지 · www.gilbut.co.kr | **이메일** · gilbut@gilbut.co.kr

기획 및 책임편집 · 연정모(yeon333718@gilbut.co.kr) | **표지 및 본문디자인** · 황애라
전산편집 · 김정미 | **교정교열** · 안혜희북스

영업마케팅 · 전선하, 차명환, 박민영 | **유통혁신** · 한준희 | **영업관리** · 김명자 | **독자지원** · 윤정아
제작 · 이준호, 손일순, 이진혁 | **CTP 출력 및 인쇄** · 상지사 | **제본** · 경문제책

ISBN 979-11-6521-528-6 03000
(길벗도서번호 007104)

정가 17,000원

독자의 1초를 아껴주는 정성 길벗출판사

(주)도서출판 길벗 | IT교육서, IT단행본, 경제경영, 교양, 성인어학, 자녀교육, 취미실용 ▶ www.gilbut.co.kr
길벗스쿨 | 국어학습, 수학학습, 어린이교양, 주니어 어학학습, 학습단행본 ▶ www.gilbutschool.co.kr

페이스북 ▶ www.facebook.com/gilbutzigy
네이버 포스트 ▶ post.naver.com/gilbutzigy

To. _____

이 책은 당신을 위해 썼어요.

웹소설 작가가 되고 싶은데

어떻게 시작해야 할지 막막하기만 한 당신.

1화만 썼다, 지웠다 반복하는 당신.

잘 쓰고 싶은 마음이 큰 만큼 망할까 봐 두려워하는 당신.

과거의 저와 꼭 닮은 당신을 위해 썼어요.

이리 부딪히고 저리 깨져가며

조금 먼저 알게 된 것들을 나눠드리고 싶어요.

당신도 할 수 있다고, 함께 시작해보자고 말하고 싶어요.

당신의 텅 빈 화면이

수많은 이야기로 가득 차길 바라며.

좋아하는 글을 쓰며 예쁜 꽃길 걷길 바라며.

꿈을 현실로 만드는 여행을 떠나볼까요?

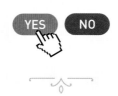

집집마다 부모님 속 썩이는 자식 하나씩 있죠? 우리 집 골칫덩이는 바로 저였답니다.

서른 넘도록 결혼 안 하는 불효자식. 글 쓴다고 방에 틀어박힌 철부지. 정규직 근처에도 가본 적 없는 밥 도둑, 전기 도둑. 그게 10년 차 작가 지망생이었던 저의 소설 포지션이었어요.

웹소설을 쓰기 전까지는 말입니다.

요즘 웹소설 핫하다는 거 모르는 사람 있나요? 매년 몇백억씩 성장하는 시장이니, 블루오션이니 하는 이야기는 관두자고요.

드라마 시나리오 쓰던 A도, 순문학만 파던 B도, 웹툰 작가 지망생이던 C도, 출판사 편집자 D도 웹소설 쓰겠다고 난리입니다. 저도 문단의 샛별이 되고자 단편소설에만 매달렸던 문학청년이었어요(아직도 저 같은 문청들이 많답니다).

왜 웹소설 시작했냐고요? 당연히 돈 벌려고요! 웹소설 쓰면 통장에 1억씩 막 꽂힌다잖아요. 내 글이 웹툰도 되고, 드라마도 된다잖아요. 알바 구하려고 편의점 기웃거리지 않아도 되고, 부모님 눈총받지 않고 전업 작가로 살 수 있다니까 뛰어든 거죠. 지금 생각해보면 참 겁도 없고, 생각도 없던 시절이었네요.

웹소설 한 편도 안 읽어본 인간이 웹소설 작가가 되겠다고 뛰어들었으니 시행착오를 얼마나 많이 겪었겠어요? '무식하면 용감하다'는 말이 딱 맞았죠.

제가 처음 웹소설을 쓰기 시작할 때만 해도 웹소설 작법서를 찾기 힘들었어요. 〈웃기는 작가 빵무늬〉 같은 유튜브 강좌? 당연히 없었어요.

연재하는 법, 출판 계약하는 법, 조회 수 올리는 법, 공모전 수상하는 법…. 현직 작가의 실전 노하우가 궁금한데 배울 곳이 없는 거예요. 답답해서 울화통이 터지더라고요. 쓰기만 하면 웹소설 계를 씹어먹을 대작들이 탄생할 것 같은데, 어디부터 시작해야 할지 감을 잡지 못했으니까요.

어떤 분야에서든 마찬가지겠지만 신인, 지망생이 접근할 수 있는 정보는 제한적이에요. 기성 작가들이 사용하는 용어는 은밀하기만 하고, 꼭 알아야 하는 핵심 정보는 검색해도 안 나옵니다.

유튜브를 시작한 것도 이것 때문이었어요. 어떻게 시작해야 할지 몰라서 막막해 하는 웹소설 작가 지망생들에게 도움을 주고 싶었거든요. 제가 선배 작가님들의 도움을 받았던 것처럼요.

유튜브에 웹소설 강좌를 업로드한 후로 고맙다는 인사를 참 많이 받았어요. 제 채널 덕분에 계약했다는 작가님도 계셨고요. 우울할 때마다 힘 받고 간다는 작가님들도 많았어요. 놀랍게도 저를 스승(!)이라 생각하시는 분도 생겼습니다.
태어나줘서 고맙다는 인사를 받았을 때는 눈물이 핑 돌더라고요. 과분한 칭찬을 들으면 여전히 수줍지만 그럴 때마다 작은 골방에서 벗어나 세상과 연결되는 기분이 듭니다.

2020년 신춘문예로 등단하고 순문학도 계속 열심히 쓰고 있지만 제 인생을 완전히 바꿔놓은 건 웹소설이었어요. 이런 식의 과장은 별로지만, 그게 사실인걸요.

가장 중요한 건 매달 통장에 인세가 꽂힌다는 거죠! 때론 어마어마한 액수에 놀란 가슴을 부여잡고, 때론 이번 달 전기세 걱정에 손톱을 물어뜯어요.

어쨌든 글로 벌어 글로 먹고삽니다. 전업 작가의 꿈을 이룬 거예요. 작가가 되겠다고 결심한 지 13년 만에.

사실 저 네임드 작가가 아니에요. 공모전 수상 경력도 몇 차례 있고, 웹툰화되거나 진행 중인 작품도 3종 있으며, 카카오페이지 '기다리면 무료' 작품, 네이버 시리즈 300만 다운로드 작품도 있지만 제 기준에서 갓작가가 되려면 아직 멀었어요(이래 봬도 야망 큰 여자랍니다).

어쩌면 그래서 웹소설에 도전하는 '보통 사람들' 눈높이에 맞는 조언을 할 수 있다고 생각해요.

운이나 타고난 재능은 별로 없지만 포기하지 않고 꾸준히 쓰는 사람의 이야기를 들려드리고 싶어요.

이 책을 읽는 당신이 "이런 작가도 '글먹' 하는데 나도 할 수 있지 않을까?"라고 생각한다면 저는 정말 기쁠 거예요.

"맞아요. 당신도 할 수 있어요! 저도 했잖아요!"

물론 웹소설 작가가 되는 건 만만치 않아요. 글로 먹고사는 건 더 어렵지요. 하지만 웹소설 계에는 전업 작가가 참 많답니다. 수십억대 수익을 올리는 작가들이 존재하고, 앞으로 더 늘어날 거예요. 지금 이 글을 읽는 당신이 그 주인공이 될 수도 있고요!

이 책은 정답이 아니에요. 십수 년 된 고민의 흔적이자 겨우 건져 올린 기술 몇 가지일 뿐이죠. 그러니까 함께 도전해봅시다.

"웹소설로 한 달에 100만 원만 벌 수 있으면 좋겠다."
이런 소박한 거 말고 상상만 해도 심장이 쿵쿵 뛰는 꿈을 꿔보자고요. 슈퍼카, 한강뷰 아파트, 건물주, 뭐라도 좋아요. 어렵지만 불가능하리란 법 없잖아요?

가끔 초라한 결과 때문에 실망스러워도 걱정하지 말아요. 그때마다 당신의 등을 두드려줄게요. 별거 아니라고 툭툭 털어낼 용기를, 맨땅에서 다시 시작할 기운을 불어넣어 줄게요.

함께 버티고, 함께 이뤄나가요.
당신과 내가 그런 다정한 사이가 되었으면 좋겠어요.

2021년 따뜻한 봄날에
정무늬

목차

1장 오늘 당장 웹소설 작가 되기

2장　데뷔작으로 대박 나는 작법 스킬 파헤치기

3장 계약부터 수익까지, 웹소설 작가의 모든 것

4장 잘 먹고 잘사는 전업 작가 생존 꿀팁

유튜브에서 만나는 웹소설 강좌

▲ 유튜브 채널
바로 가기

저자의 유튜브 채널 〈웃기는 작가 빵무늬〉에서 '빵빵한 웹소설 강좌'를 만나보세요.
책에서 작법 스킬부터 계약, 정산 꿀팁까지 웹소설 전업 작가로 살아남는 방법을 파헤쳤
다면 유튜브 채널에서는 새로 업데이트되는 소식을 바로바로 파악할 수 있답니다.

작가 소개 ✎

이야기 만드는 사람, 정무늬

신춘문예로 등단한 소설가이자, 전업 웹소설 작가로 사는 이야기 생산자. 문단 문학과 웹
소설 사이의 가파른 벽을 넘나들며 성실하게 작품 활동을 펼치는 중이다. 하루 종일 소
설을 쓴다. 꿈에서도 스토리를 짠다. 열심히 쓰지만 죽기 살기로 매달리지는 않는다. 다
만 꾸준히, 될 때까지 한다는 마음으로 매일 쓴다. 웹소설 작가 지망생들이 꿈에 좀 더 가
까이 다가가길 바라며 유튜브 채널 〈웃기는 작가 빵무늬〉를 운영하고 있다.

| 약력 |

2016년 첫 웹소설 『세자빈의 발칙한 비밀』로 〈카카오페이지 × 동아 공모전〉 우수상을 수
상한 후 매년 꾸준히 장편 웹소설을 발표하고 있다. 2011년 〈올레 e북 공모전〉에서 우수
상을, 2019년 〈대한민국 창작소설대전〉에서 작품상을 수상했다.
2020년, 〈세계일보 신춘문예〉에 단편소설 「터널, 왈라의 노래」가 당선되며 등단했다.
주요작으로 『같이 목욕해요, 공작님』(2020), 『시한부 황후의 나쁜 짓』(2021) 등이 있으며
드물게 순문학과 웹소설을 겸하는 전업 작가로 글을 쓰며 산다.

초보 작가를 위한 빵빵한 가이드

웹소설 작가 지망생들이 가장 궁금해하는 열 가지 질문을 뽑았습니다. 꼭 알아야 할 핵심 내용을 한눈에 볼 수 있습니다. 웹소설 작가로 데뷔하는 방법을 빠르게 콕콕 익히고 싶거나, 책을 다 읽은 후 중요한 내용만 다시 정리하고 싶다면 아래의 가이드를 참고하세요.

1장

오늘 당장
웹소설 작가 되기

웹소설 작가 되는 법은 그리 어렵지 않습니다.
하지만 준비 없이 뛰어들다간
실패할지도 모릅니다.
천천히 따라오세요.
꼭 필요한 것만 짚어드릴게요.

01

웹소설이랑 일반 소설,
뭐가 달라요?

돈 만지려면 꼭 기억해야 하는 웹소설의 특징

작법서를 읽다 보면 마음에 들지 않는 점이 있다. 첫 번째 장부터 와닿지 않는 소리만 잔뜩 늘어놓는다는 것이다. 웹소설이 어느 시기에 등장해서 어떻게 발전했는지, 시장 규모는 어떻고, 전망은 어떻고 등등 난 그런 거 하나도 안 궁금한데!

조회 수 빵빵 터지는 웹소설 작법 스킬! 이런 핵심 정보부터 냅다 알려주고 싶지만, 잠깐 진정하자. "웹소설이나 그냥 소설이나 거기서 거기 아냐? 달라 봤자 뭐가 얼마나 다르겠어?"라고 생각하는 분들이 있을 테니까!

결론부터 말하자면 엄청 다르다! 만약 웹소설 전업 작가가 되고 싶다면 웹소설 독자에 대한 이해는 선택이 아닌 '필수'다.

웹소설 독자와
일반 소설 독자는
다르다

웹소설을 읽는 이유가 뭘까?

1. **심심하니까**
2. **시간 때우려고**
3. **머리 식히려고**
4. **재미있어서**

무거운 책을 챙겨 다니면서 독서를 즐기는 사람이 있다. 짬날 때 휴대폰으로 웹소설을 읽는 사람이 있다. 뭔가를 읽는다는 사실을 제외하면 둘 사이에 공통점을 찾기 어렵다. 소설을 읽는 이유도, 집중하는 정도도, 활용하는 매체도.

예를 들어보자. 토마토와 딸기는 같은 과채류이지만 쓰임이 매우 다르다. 연유를 뿌린 빙수 위에 올라간 짭짤이 토마토나, 매콤한 물회에 동동 떠 있는 딸기를 상상해보자. 아무리 취향 존중 시대라지만 맛을 생각해보면 어깨가 부르르 떨린다.

자기 만족으로 글을 쓰는 게 아니라면 토마토를 원하는 독자에게는 토마토를, 딸기를 원하는 독자에게는 딸기를 내놓을 줄 알아야 한다. 그래야 장사가 된다. 딸기 먹으러 온 손님한테 토마토가 맛있으니까 드셔보라고 할 텐가? 우리 집은 토마토만 파니까 딸기는 딴 데 가서 찾으라고 하면? 요즘 같은 불경기에 쫄딱 망하기 십상이다.

웹소설은 보통 킬링타임용 스낵컬처로 소비된다. 머리 쥐어짜며 읽어야 하는 어려운 스토리? 처음부터 끝까지 시련과 불운에 시달리는 주인공? 웹소설 시장이 커지면서 독자층이 아무리 다양해졌다고 해도, 이런 작품은 대박 터뜨리기가 쉽지 않다. 하늘이 내린 신묘한 글빨을 가졌다면 모르겠지만!

웹소설 독자는 오래 기다려주지 않는다

일반적으로 웹소설 독자는 난해하고 복잡한 작품을 선호하지 않는다. 게다가 스토리 진행이 느린 건 딱 질색한다. 제목을 보고 흥미가 생기지 않는다면? 철저히 외면당한다.

독자는 '리드미컬하고 짧은 문장'+'스펙터클하고 빠른 전개'를 선호한다. 그게 술술 잘 읽히기 때문이다.

 Small TALK

독자들이 원하는 작품만 써야 하냐고? 꼭 그런 건 아닌데… 돈을 벌고 싶다면… 이건 좀 복잡한 문제니 뒤에서 좀 더 자세히 살펴보겠다.

웹소설의 성공은 초반 5편(편당 5,000자 내외)에 결정된다는 말이 있다. 1편만 봐도 상품성을 판단할 수 있다는 에디터도 있다. 공모전 제출이나 출판사 투고 시 보통 15편 내외의 분량을 요구한다. 그 정도만 봐도 팔릴지, 안 팔릴지 견적이 나온다는 소리다.

"내 소설은 뒤로 갈수록 재미있어!

중반 이후에 기똥찬 반전이 빵빵 터진다고!"

이런 거 소용없으니까 앞부분부터 흥미롭고 쫄깃하게 쓰자. 지갑 열어줄 독자님들의 간택을 받으려면 초반부터 필살기를 총동원해야 한다. 온갖 노력을 기울이고도 묻히는 작품이 어디 한둘인가!

웹소설은 권 단위가 아니라 편 단위로 팔린다는 것도 꼭 기억하길! 초반 조회 수가 반짝 높아도 절대 안심할 수 없다. 중도 하차하는 독자가 많기 때문에 한 편 한 편 뼈를 갈아 넣어야 한다.

국어시간에 배운 '발단 → 전개 → 위기 → 클라이맥스(절정) → 대단원'의 순서는 부디 잊어주시길. 우리가 써야 하는 건 그런 소설이 아니다.

웹소설은 모바일로 본다

흔히 웹소설은 엄지로 읽는다고들 한다. 웹소설로 성공하려면 모바일 환경에서 잘 읽히는 작품을 써야 한다. 공모전 심사 기준에서도 빠지지 않는 것이 '모바일 친밀도'이다.

웹소설 시장은 모바일이 흥하면서 급성장했다. 『김비서는 왜 이럴까?』의 정경윤 작가, 『구르미 그린 달빛』의 윤이수 작가, 『드림사이드』의 홍정훈 작가 등은 웹소설 시장의 발전에 따라 '대박 작가'로 성장한 경우이다. '웹소설'이란 개념이 등장하기 전인 도서 대여점 시절부터 장르 문학을 써오던 작가들이 종이 책을 떠나 모바일 환경에 찰떡같이 적응한 것이다.

그렇다면 웹소설을 e북으로 출간해야 한다는 뜻이냐고? 꼭 그런 것은 아니다. 카카오페이지, 네이버 시리즈, 리디북스, 문피아 등 플랫폼에서 유료 연재하는 편이 수익 측면에서 훨씬 쏠쏠할 수 있다. 대박 전업 작가를 노린다면 e북 단행본 출간이 아닌, 플랫폼 유료 연재를 목표로 하자!

웹소설 시장에서는 이야기를 돈으로 바꿀 수 있다. 결국 예술적으로 훌륭한 작품보다 대중에게 잘 팔리는 작품이 대우받는다. 만약 작품성도 훌륭하고 상업성도 끝내준다면? 두말할 것 없이 금상첨화다.

웹소설 작가는 교향곡 지휘자가 아니라 K팝 스타를 꿈꾸는 아이돌에 가깝다. 어떻게 해서든지 차트에 진입해야 하고, 최대한 많은 무대에 서야 하며, 스스럼없이 결제 버튼을 누를 팬을 확보해야 한다. 또한 피땀 흘려 보여준 신곡 무대가 대중들에게 철저히 외면당할 수 있다는 것도 겸허하게 받아들여야 한다.

대중성 · 상업성 > 예술성 · 작품성

자신의 문장과 작품 세계를 인정받고 싶다면? 웹소설보다 순문학이 적성에 맞을지도 모르겠다. 하지만 너무 빨리 포기하지는 마시길. 당신에겐 내가 있지 않은가?

02

웹소설, 돈 많이 벌어요?

신인 작가도 한 작품에 4,000만 원 가능!

돈? 좋다! 눈이 번쩍 뜨일 이야기를 해보자. 문학 하는 사람이 너무 속물적이라고? 설마 가난과 결핍 속에서 진정한 작품이 꽃피는 거라 믿는가? 그런 시대는 이미 지났다.

나는 쾌적하고 안락한 집에서 에어컨 팡팡 틀면서 글을 쓴다. 피곤한 몸을 이끌고 투잡 뛰지 않아도 될 정도의 인세는 매달 들어온다. 나는 모든 웹소설 작가 지망생들이 자기가 잘하는 것, 좋아하는 것을 하며 돈길 꽃길을 걷기 바란다.

순문학은 정말 돈이 안 된다

웹소설을 쓰기 전, 나는 10년 이상 순문학 단편 소설만 썼다. 성과가 전혀 없었던 것은 아니다. 신춘문에 최종심에 여러 번 이름이 올랐고, 지금은 폐간된 잡지의 신인상을 받은 적도 있다.

그러나 10여 년 동안 글로 번 돈은 상금 700만 원이 전부였다. 연봉으로 치면 70만 원이다. 월 70이 아니라 연 70! 갑자기 부모님 얼굴이 떠오르며 숙연해진다.

글만 쓴 건 아니었다. 골프장 캐디로 페어웨이를 누볐고, 최저시급도 못 받는 여행사에서 일하기도 했다. 서양화 전공을 살려 중·고등학교와 미술학원에서 입시생을 가르치기도 했고, 이미지메이킹 강사로 기업체에서 연수를 진행한 적도 있다. 이 모든 건 생활비를 벌기 위해 어쩔 수 없이 선택한 것이었다.

이 와중에도 하루에 많으면 8시간, 적게는 4시간씩 꼬박꼬박 소설을 썼다. 몸이 아파도, 남자친구와 헤어져도 일주일 이상 글을 손에서 놓았던 적이 없었다. 이렇게 글쓰기에 매달린 시간이 1만 시간은 거뜬히 넘긴 것 같다.

웹소설을 쓰기 전 내 꿈은 '소설로 한 달에 200만 원 벌기'였다. 문우들이 한목소리로 외쳤다.

'월 50도 아니고 200? 꿈이 너무 크잖아? 정신 차려!'

맞다! 순문학계에서 월 200만 원의 고정 수익은 허무맹랑하다고 여겨질 만큼의 거금이다. 소설만 써서 먹고살 수 있는 전업 소설가는 거의 없다.

소설가의 주 수입이 글이 아니라 강연이라는 것은 이제 비밀도 아니다. 장강명 작가는 『월간 채널예스』 칼럼 '이상한 직업'에서 '2시간짜리 강연료가 2주 동안 끙끙대며 쓰고 있는 단편소설 고료보다 더 높다.'고 밝혔다. 고료 받고 작품을 발표하는 작가는 몇이나 될까? 강연 청탁을 받는 작가는? 물론 『82년생 김지영』처럼 센세이셔널한 작품을 쓰면 돈도 벌고 명성도 얻을 것이다. 하지만 그런 작품이 1년에 몇 권이나 나올까? 게다가 신인 작가가 그런 작품을 쓸 확률은?

소중한 문우가 첫 작품집을 계약했다. 대단하다며 박수를 신나게 쳤는데, 계약금이 50만 원이란다. 초판 1,500부에 인세 8%라고 덧붙였다. 선인세, 즉 계약금 50만 원 빼고 작가 손에 쥐어지는 돈을 계산해보다가 남몰래 눈물을 닦았다.

대부분의 작가는 작품과 생업이 별개다. 글쓰기 강의를 하든, 출판사에서 편집을 하든 호구지책을 마련해야 한다. 나는 그게 화가 났다. 월세 내고, 치킨 사 먹고, 가끔 부모님 용돈을 드리고 싶을 뿐인데 글만 써서는 불가능하다고 하니까.

이 길을 계속 걸을 자신이 없었다. 그렇다고 소설을 포기하고 싶지도 않았다. 웹소설로 고개를 돌린 것도 그즈음이었다.

역대 연봉 작가가 수백 명이다

웹소설의 성장세는 가히 폭발적이다. 뻔한 표현이라고 생각할 수도 있지만 정말로 그렇다. 사양 산업의 대표 격으로 여겨지는 출판시장과는 사뭇 다른 분위기다.

웹소설 시장의 양대 산맥은 네이버와 카카오페이지라고 할 수 있다. 카카오페이지에서 100만 명 이상의 독자가 보거나, 100만 달러 이상 수익을 낸 작품은 '밀리언페이지'에 올라간다.

'#믿고 보는 작품, #대세, #100만 히트작'이 된 작품만 벌써 100여 종이 훌쩍 넘는다. 이것은 누군가는 웹소설로 매년 억대 수입을 올리고 있다는 뜻이다.

네이버 웹소설은 '정식 연재'라는 메리트가 있다. '오늘의 웹소설' 작가가 되면 매달 안정적인 고료를 받으며 연재할 수 있다. 미리 보기 수익도 따로 발생한다. 드라마화가 결정된 『재혼황후』로 얻는 수익은 40억이라고 하니 입이 떡 벌어진다.

원 소스 멀티유스(one source multi-use) 시대에 걸맞게 웹소설은 웹툰, 드라마, 게임으로 재탄생되고 있는데, 윤이수 작가의 『구르미 그린 달빛』, 정경윤 작가의 『김비서가 왜 이럴까?』 등이 대표적이다. 웹소설 작가는 2차 저작물에서 발생하는 인세도 가져가기 때문에 하나의 작품으로 엄청난 수익을 올릴 수 있다. 그것도 꽤 오랫동안.

판권이 해외에 팔리기도 한다. 비츄 작가의 웹소설 『왕의 딸로 태어났다고 합니다』는 만화로 만들어진 후 중국 웹툰 플랫폼인 '텐센트 동만'에서 서비스를 시작하자마자 유료 차트 1위에 오르는 기염을 토하기도 했다.

Small TALK

'원 소스 멀티유스(one source multi-use)'란, 하나의 콘텐츠를 다른 장르로 재창작해서 상품화하는 전략을 말한다.

**신인 작가도
첫 작품으로
4,000만 원 번다**

나는 공모전에서 수상하면서 데뷔한 경우다. '동아×카카오페이지' 공모전에서 사극 로맨스 『세자빈의 발칙한 비밀』이 수상작으로 선정되며 본격적인 웹소설 작가 활동을 시작했다.

공모전 수상작이라 따로 심사를 받지 않고 카카오페이지 '기다리면무료'로 론칭했다. 데뷔작 첫 달 인세로 600만 원쯤 벌었고, 다음 달엔 450만 원, 그리고 그 다음 달엔 300만 원 정도 들어왔다.

Small TALK

카카오페이지 '기다리면무료'는 줄여서 '기다무'라고도 하는데, 24시간이나 12시간에 한 번 대여권을 제공하는 프로모션을 의미한다. 심사 결과가 나오는 데까지 대략 4~6개월 정도 소요되는데, 자세한 내용은 191쪽에서 설명하겠다.

카카오페이지 독점 기간이 끝나면 2차 론칭을 한다. 즉, 리디북스, YES24, 원스토어 등 다양한 플랫폼에서 판매를 시작하는 것이다. 종이책 보장 인세까지 포함하면 지금까지 『세자빈의 발칙한 비밀』로 번 돈만 4,000만 원이 훌쩍 넘는다. 탑티어(top-tier) 작가 눈엔 변변찮은 수익이겠지만, 10년 동안 고작 700만 원 벌던 나에게는 매우 소중한 거금이었다.

▲ 『세자빈의 발칙한 비밀』

이 작품은 웹툰으로도 제작되어 카카오페이지 '기다리면무료'에 연재 중이다. 즉, 웹툰 저작권료도 꾸준히 들어온다는 뜻으로, 데뷔작치고는 매우 잘 풀린 편에 속한다.

차기작 『완결 후 에반젤린』은 '기다리면무료' 심사에서 똑 떨어졌다. 네이버 심사도 떨어졌다. 그렇지만 카카오페이지 단독 선공개로 론칭해 첫 달 인세가 1,000만 원 정도 들어왔다. 딱히 기대하지 않았던 작품이라 놀라움이 컸다. 유료 결제율이 높아 '기다리면무료'로 승격되기도 했다. 이것은 매우 드문 경우로, '기다리면무료'로 전환되며 수입도 확 늘었다. 이 작품도 출간 4년이 지나 뒤늦게 웹툰으로 만들어졌다. 작품 팔자 알 수 없다.

그러나 모든 작품이 이렇게 잘 풀렸던 것은 아니다. 『꿈꾸듯 달 보듬듯』과 『개미 조연이 다 가진다』는 카카오페이지 독점연재로 론칭했는데, 결과가 좋지 않았다. 종이책 보장 인세를 합해도 1,000만 원이 안 되었으니까. 공모전 수상작이라 기대했었는데, 너무 우울해서 치킨도 넘어가지 않더라. 그래도 별수 없지, 새 작품을 쓸 수밖에.

『같이 목욕해요, 공작님』은 '네이버 지상최대공모전'에 냈다가 미끄러진 작품이다. (쓰고 보니 참 많이도 떨어졌다. 하하!) 역시 난 안 돼, 내 재능은 여기까지라고! 지구 핵에 닿도록 땅 파고 있을 때 네이버에서 메일이 왔다.

'작가님의 작품을 이대로 놓치는 것이 저희 입장에서는 매우 아쉬웠어요. 그래서 작가님께 다른 제안을 드리고자 합니다. N.fic(엔픽)은 유료 연재로서

의 포텐이 보이는 작품들을 선정하여 시리즈에 연재하는 브랜드라고 보시

면 됩니다.'

말로만 듣던 역제안이었다. 엔픽 계약 작품은 네이버 시리즈

'매일열시무료'(줄여서 '매열무') 프로모션 심사를 보지 않아도

된다는 장점이 있다. 이렇게 매열무로 론칭하고 100만 다운로

드를 기록했다. 인세도 당연히 쏠쏠했다.

출간 작품이 많아지면서 매달 들어오는 전체 인세도 늘었

다. '장편 10종 깔면 어느 정도 생활은 된다'는 말이 괜히 있는

게 아니다. 신작을 안 쓰면 구작도 안 팔리긴 하지만.

▲ 『완결 후 에반젤린』

▲ 『같이 목욕해요, 공작님』

세상 어디나 그렇듯이 웹소설 시장에서도 부익부 빈익빈 현상은 존재한다. 작가 10명 중 4명은 연간 1,000만 원도 못 번다. 1,000만 원이 웬 말이냐, 수많은 작가가 한 달 인세를 '치킨값'에 비교하곤 한다. 정말 치킨값이냐고? 몇 마리를 시키느냐의 차이는 있겠지만, 진짜 치킨값 인세만 벌 수도 있다. 슬프게도 커피값 인세도 있다.

'웹소설이 돈 된다더라'라는 소문이 돌면서 웹소설 플랫폼이 늘었다. 출간 작품 수도 대폭 늘었다. 소리소문없이 사라지는 작품이 하늘의 별처럼 수없이 많다. 신인 작가들이 발붙이기는 더욱 어려워졌다.

그러나 웹소설은 순수 글밥만으로 생계가 가능한 매우 드문 세계다. 내가 좋아하고, 잘하는 일로 생계를 이어나가는 것. 나아가 화끈한 대박을 꿈꾸는 것. 다른 글쓰기 분야에서는 어렵지만, 웹소설 세계에선 그게 가능하다.

2020년, 신춘문예 당선 소식을 알리며 신문사에서 직업을 물었다.

"웹소설 작가입니다!"

그렇게 말하면서 어찌나 뿌듯하던지!
이 글을 쓰는 도중에 엔픽과 신작 계약을 했다. 가을에 원고를 전부 넘기기로 하고, 표지 일러스트 작가 선정도 마쳤다.

새 작품은 얼마나 벌어줄까? 로또 맞는 거 아냐? 또 김칫국 한 사발 들이켠다. 쓰는 건 고되지만, 소설로 밥 벌어 먹는 건 정말 짜릿하고 행복하다.

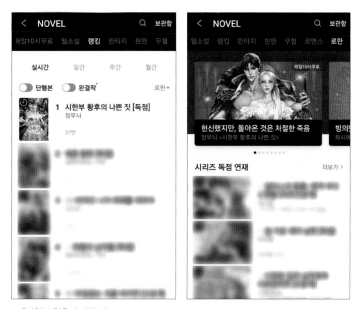

▲ 『시한부 황후의 나쁜 짓』

 Small TALK

이 글을 쓸 당시 계약했던 『시한부 황후의 나쁜 짓』. 2021년 2월 네이버시리즈 매열무로 런칭했다. 배너에 노출되고 랭킹 1위도 찍는 등 순항 중이다.

03

어떤 재능이 필요해요?

쉿! 대박 작가 탄생 비밀 전격 대공개

대박 전업 작가가 되려면 어떤 재능이 있어야 할까?

독자의 눈을 사로잡는 탄탄한 문장력? 트렌드를 읽고 분석하는 기획력? 운칠기삼(運七技三), 실력보다 중요하다는 운?

웹소설을 쓰려면 기술이 필요하다. 하지만 기술보다도 중요한 재능은 따로 있다.

멍하니 공상에 빠지는 재능

창작은 고되다. 일정한 분량의 글을 하루에 한 편 이상 뽑아내는 건 더 고되다. 하고 싶은 이야기는 잔뜩 쌓여있는데, 첫 문장을 어떻게 시작해야 할지, 스토리를 어떻게 풀어가야 할지 감이 안 잡힌다.

원래 처음 하는 일이 다 그렇다. 작법은 나중에 생각하자. 그

건 기술이다. 꾸준히 갈고 닦으면 기술은 늘기 마련이다. 하지만 재능은 타고난다. 웹소설 작가에게 공상하는 재능이 필요하다고 믿는 것도 그 때문이다. 이미 만들어진 세계가 아니라 나만의 세계를 만들고, 그 안에서 살아 움직이는 캐릭터를 상상하는 걸 즐겨야 한다.

그게 왜 재능이냐고? 누구나 즐기는 일 아니냐고? 절대 그렇지 않다. 공상은 누군가에겐 숨 쉬듯 자연스러운 일이지만, 누군가에겐 수학 숙제처럼 골칫거리일 뿐이다.

"다른 건 몰라도 공상하는 건 자신 있는데?"

만약 그렇다면 당신은 웹소설 작가에게 가장 필요한 재능을 타고난 것이다.

'100억이 생겼는데 한 달 뒤에 죽어야 한다면?'

'세 명의 남자와 계약결혼한 여자가 이혼하는 방법은?'

남들은 유치하다고 손가락질하더라도 웹소설 작가에게는 훌륭한 소재가 될 수 있다. 어떤 주인공이 등장하면 좋을지, 무슨 사건이 터지면 좋을지 끄적거리는 걸 즐거워해야 한다. 멍하니 시간 가는 줄 모르고 헤실헤실 웃으면서!

공상에 푹 빠져 살다 보면 쓰고 싶어지는 순간이 온다. 너무 읽고 싶은 이야기가 있는데 아무도 써주지 않는다면 어쩌겠는가? 내가 써야지! 그렇게 시작하는 작가들이 많다. 그들 모두 타고난 재능을 가지고 있는 것이다.

만화, 게임,
독서에 몰두하는
재능

'인풋이 없으면 아웃풋도 없다'는 말을 기억하자.

물도 주지 않고, 거름도 주지 않는데 쑥쑥 자라서 꽃 피우는 씨앗은 없다. 공상이 웹소설이 되고, 웹소설이 돈이 되려면 끊임없이 새로운 피를 수혈해야 한다. 소통의 중요성도 잊어서는 안 된다. 내 머릿속에 갇혀있지 않도록 주의해야 한다. 내 이야기에만 몰입하면 객관성을 상실하게 되어 대중성과도 빠이빠이다.

독자 없이는 작가도 없다. 작가 혼자 좋아하는 웹소설은 일기와 같다. 남의 일기장을 돈 내고 읽는 사람이 있을까?

당연히 없다!

다시 한번 말하는데, 진짜 없다. 즉, 다른 사람들도 즐길 수 있는 작품을 써야 한다는 뜻이다.

독자를 파악하고 트렌드를 분석하는 건 기술이다. 그 기술보다 우선해야 하는 재능은? 만화, 게임, 독서 등에 몰두할 줄 아는 능력이다. 잘 쓰는 것도 중요하지만, 잘 쓰려면 콘텐츠를 감상할 줄 알아야 한다.

세상에 내 취향이 아닌 작품은 있어도 배울 점이 없는 작품은 없다. 좋은 점은 좋아서, 나쁜 점은 나빠서 배울 게 있다. 내가 보기엔 완전 별로인데 사람들이 열광한다면? 그 포인트를 찾아내야 한다.

대중에게 100% 나를 맞출 필요는 없다. 가능하지도 않다. 하지만 나와 대중의 거리를 가늠하고, 때론 좁힐 줄도 알아야 한다. 그래야 대박 작가로 성장할 수 있다.

웹소설 쓴다고 웹소설만 읽을 필요는 없다. 만화도 읽고, 순문학도 읽고, 영화와 유튜브도 보면서 다양한 콘텐츠를 접하자. 여행을 가라느니, 아르바이트를 다양하게 하라느니 등등 영양가 없는 잔소리는 그만두겠다. 간접 경험도 좋다. 도서관, 영화관, 유튜브 등 작가를 성장시키는 여행지는 얼마든지 있다.

최대한 넓게 세상을 누비자. 감상하고, 받아들이고, 발전시키자. 이것들은 당신이 돈길 꽃길 걷는 대박 작가가 되는데 엄청난 자산이 될 것이다.

틀에 박힌 생활을 거부할 수 있는 재능

직장생활이 좋아서 하는 사람이 얼마나 될까? 통장을 스쳐 지나가는 월급, 꼰대 아니면 미친놈뿐인 인간관계, 짜증 나는 업무와 반복되는 야근. 그런데도 퇴직하지 못하는 이유는 월급 때문이다. 월급이 주는 안락함을 버리고 불안정의 대명사, 프리랜서 끝판왕 웹소설 작가가 되려면 재능에 가까운 모험 정신이 필요하다.

솔직히 말해서 나는 직장생활에 재능이 없는 인간이다. (재능이 출중해서 직장생활 하는 사람이 어디 있겠느냐만.) 사람은 좋아하지만, 싫은 사람과 엮이는 건 참지를 못한다. 이른 아침에 일어나는 것도 고역이고, 하루 외출하면 이틀은 집에 틀어박혀서 쉬어야 한다.

하지만 세상일이 어찌 내 맘대로 흘러가던가? 골프장 캐디로 일할 때 새벽 3시 30분에 출근했다. 평균 4~5시간 정도 걸리는 18홀을 하루 3라운드씩 돌았다. 미대 입시 특강 계절에는 네

시간짜리 강의를 3타임씩 뛰었다. 통장에 돈은 차곡차곡 쌓여가는데 몸과 마음은 나날이 피폐해졌다. 작품은 단 한 줄도 쓰지 못했다. 정말 미치고 팔딱 뛸 노릇이었다.

"안정적인 월급 따위는 개나 줘버려! 불안해도 전업 작가 할래!"

그 뒤론 파트타임으로 일했다. 소설 쓸 시간과 체력을 확보하기 위해서였다. 이때도 타의 추종을 불허하는 재능이 필요했다. 바로 주변의 참견과 잔소리를 흘려듣는 재능이다.

"나이가 몇인데 아직도 글 쓴다고 난리야. 제발 정신 차려!"

"그런다고 성공할 수 있을 줄 알아? 세상이 만만하냐?"

"쓰려면 제대로 된 글이나 쓰지. 웹소설이 뭐냐? 그것도 소설이야?"

이 정도 수준이면 귀엽다. 인격 모독에 가까운 비난은 물론 사회 부적응자 취급도 받았다.

날 사랑하는 사람과, 사랑하지도 않으면서 괜히 오지랖 부리는 사람들의 잔소리를 무시하고 내 길을 가는 뚝심도 엄청난 재능이다!

고독을 친구처럼 여기는 재능

글을 쓰는 순간, 모든 작가는 혼자다.

혼자가 익숙하고 고독을 즐긴다 해도 외로움은 견디기 힘든 숙제다. 작업하다 보면 온종일 입도 뻥끗 안 하고 지나가는 날이 많다. 바깥 구경도 못 하고 작업실에 처박혀서 일해야 할 때도 있다. 작가 커뮤니티와 오픈 카톡방을 전전해보지만, 근본적인 고독은 해결되지 않는다.

외로움 속에서 매일 5,000자짜리 한 편 이상을 꾸준히 창작해야 한다. 결국 이러한 꾸준함도 재능이다.

웹소설은 장편을 선호한다. 장편은 e북 단행본보다 유료 연재 수익이 훨씬 높고, 유료 연재에도 유리하기 때문이다. 현대 로맨스는 80화 이상, 로맨스 판타지는 120화 이상이 보편적이다. 판타지 무협 쪽에서 300편 넘는 장편도 쉽게 찾을 수 있다. 게다가 플랫폼에서 요구하는 연재 회차도 점점 늘어나는 추세다.

몇십만, 몇백만 자 분량의 장편을 쓰는 데 문제가 되는 것이 고독뿐이랴. 허리는 굽고, 손목은 저리고, 머리숱도 휑뎅그렁해진다. 골방이나 카페 구석에서 나 혼자 견뎌야 하는 일이다.

작가 지망생이나 신인 작가 때는 한없이 우울하다. 조회 수는 0에 가깝다. 심사 떨어지고, 투고 까이면 자신의 존재 자체를 부정당하는 기분이 든다.

그렇다고 데뷔 후에 불안함이 사라지냐 하면 그것도 아니다. 웹소설은 신인 작가의 데뷔작이 네임드 작가 신작보다 잘 팔릴 수도 있는 역동적인 시장이다. 바꾸어 말하면 네임드 작가가 쫄딱 망할 수도 있다는 뜻이다.

고독, 우울, 디스크, 머리숱, 생활비 등등 수많은 문제를 끌어안고도 포기하지 않는 것. 언젠가 나도 대박 터뜨릴 거라고 믿으면서 다시 도전하는 것. 내가 알기로 이러한 재능 없이 성공한 대박 작가는 없다.

04

웹소설 왕초보인데
뭐부터 배워야 하죠?

오늘 당장 초보 탈출, 웹소설 사전!

　　웹소설 계에도 작가, 편집자, 고인물 독자끼리 사용하는 용어가 있다. 웹소설 사전만 있으면 초보 티 팍팍 내면서 "검색해도 안 나오는데, 도대체 ○○이(가) 뭐예요?"라고 질문할 필요가 없다.

Q. 전부 처음 들어본 단어인데요?

A. 웹소설 뉴비인 당신, 용어 사전부터 달달 외우시길.

Q. 대단한 거 있는 줄 알았네. 지금 저 무시하세요?

A. 웹소설 고인물인 당신, 이번 장은 스킵하시라!

플랫폼
　　카카오페이지, 네이버, 문피아, 리디북스 등 웹소설이 서비스되는 공간으로, 유통사와 연재처 등 다양한 뜻으로 사용된다.

　　웹소설 작가, 독자, 출판사는 모두 플랫폼(platform)을 중심으로 움직인다. 플랫폼마다 독자 성향이 다르기 때문에 웹소설 작가로 성공하려면 작품의 특성에 맞는 플랫폼을 찾아가야 한다.

　　유료 판매 시 플랫폼에서 30~45% 정도의 수수료를 가져간다. 계약 방법이나 프로모션에 따라 50% 이상을 떼기도 한다.

프로모션
　　독자에게 작품을 노출하는 광고, 배너, 대여권, 이벤트 등 모든 홍보 수단을 통틀어 '프로모션(promotion)'이라고 한다.

　　웹소설은 노출, 프로모션에 따라 수익이 결정된다고 봐도 과언이 아니다. 내 작품에 대해 출판사가 어떤 프로모션을 계획 중인지 계약 단계부터 미리 확인하는 것이 중요하다.

　　프로모션 없이 e북 단행본만 출간한다고? 이렇게 계약한다면 치킨값 인세를 보고 눈물을 삼켜야 할지도 모른다. 네임드 작가가 아닌 이상 프로모션은 플랫폼 심사를 통해 결정된다.

론칭
　　'론칭(launching)'은 출판 계약 후 웹소설을 유료로 판매하는 것을 의미한다.

　　1차 론칭은 첫 공개를, 2차 론칭은 1차 독점 기간이 끝난 후 다른 플랫폼에서 판매한다는 뜻이다. 2차 론칭될 때 새로운 프로모션을 받는 경우도 있다.

여성향/남성향	웹소설뿐만 아니라 게임, 웹툰, 애니메이션 등 다양한 분야에서 사용하는 단어다.

- **여성향** : 타깃을 '여성'으로 설정하고 창작한 콘텐츠
- **남성향** : 타깃을 '남성'으로 설정하고 창작한 콘텐츠

대표적인 여성향은 로맨스, 대표적인 남성향은 판타지와 무협이다. 웹소설을 쓰려면 내 작품이 여성향인지, 남성향인지 확실히 정해야 한다! 모호하면 마이너 된다!

물론 로맨스를 읽는 남성도 있고, 판타지 애독자인 여성도 많다. 심지어 로맨스 작가 중 남성도 있다. 이것은 일반적인 분류를 위한 명칭이니 참고만 하자.

현로	'현대 로맨스'의 준말. 약간의 판타지 요소가 가미되기도 하지만, 전혀 없는 경우도 많다.

로설은 '로맨스 소설'의 준말로, 현로보다 더 포괄적인 개념이다.

로판	'로맨스 판타지'의 준말. 서양풍 가상 세계를 배경으로 한 로맨스 소설로, 판타지 요소가 더해진다. 로맨스 비중에 비해 상대적으로 판타지 요소가 거의 없는 경우도 있다.

가상 역사물이나 사극 로맨스 등도 소재에 따라 로판에 속하

기도 한다. 보통 '로판'이라고 하면 서양풍 로맨스 판타지를 뜻한다.

 Small TALK

동양풍 가상 세계를 배경으로 한 경우 '동로판'으로 분류한다.

BL/GL   'Boy's Love', 'Girl's Love'의 준말. BL은 더 줄여서 '벨'이라고도 부른다. 동인의 세계에 머물던 동성 로맨스가 하나의 장르로 자리 잡은 지 오래다. 수위가 높거나 19금인 경우도 많다.

판무   '판타지'와 '무협'의 준말. 판타지의 하위 장르로는 현대 판타지(현판), 게임 판타지(겜판), 정통 판타지(정판) 등이 있다. 두 가지 이상의 요소를 혼합한 퓨전 판타지도 자주 눈에 띈다.

무협 소설은 신인 작가에겐 진입장벽이 높은 편이다. 한자, 세계관 등 공부해야 할 것이 많고, 고정 팬을 거느린 기성 작가들의 활약이 두드러지기 때문이다. 또한 여성향 웹소설에 비해 분량이 긴 초장편이 많다. 공모전에서 요구하는 분량도 여성향보다 많다.

카카페   '카카오페이지'의 준말. 카카오페이지는 웹소설, 웹툰, 웹드라마, 영화 등이 서비스되는 초대형 모바일 콘텐츠 플랫폼이다. 출판사와 정식 출간 계약을 맺지 않으면 입점할 수 없었지만 신인 작가 발굴을 위해 무료 연재 공간을 개설할 예정이라고 한다.

카카오의 상징색 때문에 카카페를 '노란집'으로 부르기도 했는데, 요즘은 초성 'ㅋㅋㅍ'로 통일되었다.

네웹소

'네이버 웹소설'의 준말. 세 종류의 연재 탭이 있다.

❶ **오늘의 웹소설(오웹소)** : 네이버와 계약한 정식 연재 작가들이 연재하는 곳. 현재 '시리즈 에디션'으로 개편

❷ **베스트리그(베리그)** : 챌린지리그에서 네이버의 선택을 받은 작가들이 연재하는 곳

❸ **챌린지리그(헬린지)** : 누구나 무료 연재할 수 있는 곳. 경쟁이 치열하고 파묻히기 쉬워서 '헬린지'라고 부른다.

네이버 시리즈(ㅅㄹㅈ)는 카카오페이지와 비슷한 개념의 플랫폼으로, 출판사와 정식 출간 계약을 맺어야 입점할 수 있다.

ㅁㅍㅇ

'문피아'의 초성. 남성향 플랫폼의 최강자! 판타지, 무협 장르를 노린다면 꼭 도전해야 하는 플랫폼이다. 문피아 스타작가는 연 10억 원, 상위 10%는 적어도 연 4억~5억 원은 번다고 한다. 유료 전환이 가장 활발하다.

예전에는 '달동네'라고도 불렸는데, 요즘은 별칭을 잘 안 쓰는 추세다.

ㄹㄷ

'리디북스', '리디'의 초성. 리디북스는 전자책 서점이라는 의미가 강했으나, 유료 연재가 활성화되면서 프로모션 따기가 카

카페나 네이버 시리즈만큼 어려워졌다.

19금 작품이 흥하고, 독자평이 냉혹하기로 유명한 플랫폼으로, 신인 작가한테는 특히 엄하다. 작가 커뮤니티에서 리디북스는 통장 인세만 확인하고 댓글은 보지 말라는 조언이 많다.

ㅈㅇㄹ	'조아라'의 초성. 신인 작가가 처음 연재할 때 많이 추천받는 플랫폼으로, 다양한 장르의 웹소설이 활발하게 연재된다. 작가 개인이 유료 연재를 선택할 수 있다.
ㅂㅍ	'북팔'의 초성. 출판사가 직접 운영하는 플랫폼으로, 여성향, 19금 현로 작품이 강세다.
관작/선작	관작은 '관심 작품', 선작은 '선호 작품'의 준말. 유튜브의 구독과 같은 개념이다. 인기의 척도이자, 무료 연재 성적표이기도 하다. 신인 작가는 관작과 선작의 노예가 되기 쉽다. 출간 계약도, 프로모션 심사도 관작 & 선작 수에 따라 결정될 때가 많기 때문이다.
연독률	전편 대비 꾸준히 읽히는 비율을 뜻하는 말. 전편 조회 수가 1,000인데, 최신편 조회 수가 200이 안 된다면 연독률이 낮은 것이다. 반대로 최신편 조회 수가 890이라면 연독률이 꽤 높은 것. 연독률이 높으면 수익은 자연히 따라오기 때문에 출판사

도, 플랫폼도 연독률이 높은 작품을 선호한다.

연참   여러 편을 동시에 업로드하는 것. 2편 올리면 2연참, 3편 올리면 3연참이다. 독자의 눈길을 사로잡는 데 연참만큼 훌륭한 기술도 없다. 이유는? 감질나게 한 편씩 읽는 것보다 몇 편씩 몰아서 읽는 것이 더 재미있으니까!

많은 작가가 비축분(연재 분량을 미리 써놓는 것)을 쌓고 연재를 시작한다. 비축분이 끝나면? 생방으로 달려야지, 뭐.

커미션   무료 연재 작품 표지를 일러스트레이터(일러레)에게 의뢰하는 것. 출판사 정식 론칭 시 의뢰하는 외주와 달리 저작권은 일러스트레이터에게 있고, 상업적 이용도 불가능하다. 외주로 일러스트를 발주하는 것보다 저렴한 편. 상반신이냐, 전신이냐. 배경이 포함되느냐에 따라 가격이 달라진다.

플랫폼에서 무료 표지를 제공하지만, 왜 무료인지 알만한 퀄리티다. 물론 무료 표지로 성공하는 작품도 많다!

Small TALK
• **외주** : 정식 연재 론칭할 때 출판사를 통해서 의뢰한다.
• **커미션** : 무료 연재할 때 작가가 개인적으로 의뢰하고, 상업적 이용이 어려울 수 있다.

투베   조아라와 문피아의 '투데이 베스트 시스템'의 준말. 실시간 인기 소설 순위라고 생각하면 쉽다.

무료 연재 작가라면 투베 상위권을 노려야 한다! 투베에 걸

• ㅌㅂ : 투베
• 투도 : 투베도전
• 투까알 : 투베는까봐야안다

리면 더 많은 독자가 유입되고, 선작 & 관작이 오르며, 조회 수
도 쭉쭉 오른다. 출판사 컨택도 많이 온다. 플랫폼별 투베 공략
법을 연구하고, 전략을 짜서 연재하는 걸 강력 추천한다.

싯구

19세 미만은 이용할 수 없는 콘텐츠. 19금 고수위 애정씬을
일컫는 말이기도 하다.

싯구에 능한 작가는 유료 연재에서 빛을 발한다. 전체관람가
작품을 쓰는 작가도 필명을 따로 파서 싯구 단편을 쓰기도 한
다. 그만큼 돈이 되는 시장이다. 하지만 공모전에서는 19금 작
품을 받지 않는 경우가 많다.

12금, 15금도 있다. 플랫폼마다 기준이 조금씩 다르기 때문에 작가가 전체관람가로 써도 15금 판정
을 받기도 한다.

수정궁

출판사 교정고를 받은 후 수정하는 것으로, 작가들은 '수정
궁에 들어간다'고 표현한다.

완결은 끝이 아닌 시작이다. 교정된 오탈자, 비문 확인은 기
본이다. 스토리, 캐릭터, 대사 등을 대폭 수정해야 할 수도 있
다. 출판사 제안을 전부 따르지 않아도 된다. 하지만 전문가 의
견을 무시할 수도 없는 노릇이다. 완성도 높은 작품을 만들어
서 잘 팔고 싶은 건 작가도, 출판사도 마찬가지니까.

무연/유연/정연	무료 연재/유료 연재/정식 연재
연중	연재 중단
관삭/선삭	관심 작품 삭제/선호 작품 삭제
컨택	출판사로부터 출간 제의를 받는 것
별테	별점 테러
완고	완결된 원고
공포/공미포	공백 포함 글자 수/공백 미포함 글자 수
작교	작가 교정고
글먹	글로 먹고산다.
고구마/사이다	고구마를 먹은 듯 답답하다. 사이다를 마신 듯 유쾌, 상쾌, 통쾌하다.
선인세	출간되기 전에 미리 받는 인세. 계약 직후 받거나 완결고 송고 후 받는다.
기다무/기무	카카오페이지 프로모션 '기다리면무료'의 준말
매열무	네이버 시리즈 프로모션 '매일열시무료'의 준말
리다무	리디북스 프로모션 '기다리면무료'의 준말
오리발	리디북스 프로모션 '오늘리디의발견'의 준말
오신	리디북스 프로모션 '오늘의신간'의 준말
단선	단독 선공개
CP	콘텐츠 공급자. 출판사, 에이전시, 매니지먼트사 등
MG/엠지	미니멈 개런티(minimum guarantee), 미니멈 웨이지(minimum wage). 수익이 나기 전에 미리 받는 인세
갠엠/브엠	개인이 받는 엠지/브랜드, 즉 출판사가 받는 엠지
타일작/깔작	출판사 케어를 받지 못하고 출간된 작품. 출간 종수를 늘리기 위한 목적으로 출간된 작품
노플모/추플	프로모션을 받지 못함/추가로 받는 프로모션
조노블	조아라 노블레스 유료 게시판
ㅊㅍㅅ	출판사

Small TALK
정식 연재는 고료를 받고 무료로 풀리는 경우가 많다.

취미로 돈 벌려면
어떻게 써야 해요?

억대 인세의 첫걸음, 꼭 결정해야 하는 두 가지

취미로 돈 버는 것. 불가능한 말로 들리지만 웹소설에서는 가능하다. 많은 작가가 웹소설을 즐겨 읽던 '덕후' 출신이다.

억대 매출을 자랑하는 작품을 읽다가 '이 정도는 나도 쓸 수 있을 것 같은데?' 혹은 '나라면 더 재미있게 쓸 수 있을 것 같은데?'라는 생각이 드는 것이다. 하교 후, 퇴근 후, 육아 중 틈틈이 취미로 쓴 작품이 대박 치기도 한다. 당신도 그 주인공이 될 수 있다. 취미로 돈 벌고 싶다고? 그 전에 묻겠다.

"정말 웹소설로 돈 벌고 싶어요?"

세상에 돈 벌기 싫은 사람도 있어? 당연한 걸 왜 물어!

발끈하기 전에 확실히 하자. 막무가내로 뛰어들었다가 후회하는 지망생들 많이 봤다!

누구를 위해
쓸 것인가?
독자 만족 vs
작가 만족

취미로 쓰는 작품과 돈 벌기 위해 쓰는 작품엔 큰 차이가 있다. 바로 누구를 위해 글을 쓰느냐는 것이다.

- 독자의 만족 > 작가의 만족 ——— 상업용
- 독자의 만족 < 작가의 만족 ——— 취미용

취미라면 무엇을 어떻게 써도 괜찮다. 가독성이 떨어져도 괜찮고, 자신의 세계관을 몇 편에 걸쳐 설명해도 괜찮고, 새드엔딩으로 결말을 내도 괜찮다. 취미인데 누가 뭐라 하겠는가? 내 맘에 들면 장땡이지.

그렇지만 돈을 벌고 싶다면 이야기는 달라진다. 나만 좋아하는 작품이 아닌 보다 많은 독자, 즉 대중이 열광할 만한 작품을 써야 한다.

"대중성이 최고야! 무조건 월 천 버는 대박 작가가 될 거야!"

이렇게 마음먹고 뛰어들어도 파묻히는 작품들이 수두룩하다. 예를 하나 들어보자.

나는 떡볶이 덕후.

엽기, 신전, 응급실, 죠스 등등 맛있다는 떡볶이는 모조리 먹어봤다.

나라면 더 맛깔난 떡볶이를 만들 수 있을 것 같다.

피눈물 나는 레시피 연구 끝에 떡볶이 가게를 오픈했다.

대표 메뉴는 '현미 쌀떡 카레 떡볶이'!

현미와 강황을 듬뿍 넣은 21세기형 건강 떡볶이다.

근데 손님이 없다.

간혹 오는 손님도 구색용 메뉴인

'매콤달콤 추억의 떡볶이'만 주문한다.

내 떡볶이 가게의 운명은?!

선택 1 언젠가 고객들도 내 떡볶이의 우수성을 알아볼 거다.
지금은 힘들어도 '현미 쌀떡 카레 떡볶이'에 주력한다!

선택 2 고객들이 많이 찾는 떡볶이에는 이유가 있을 거다. '매콤달콤 추억
의 떡볶이'를 개발해 발전시켜 보자!

물론 현미 쌀떡 카레 떡볶이가 대박칠 가능성도 있다. 하지만 확률은 매우 낮다. 폐업 직전의 자영업자가 대박집 사장님으로 부활할 확률은 더더욱 낮다.

매콤달콤 추억의 떡볶이로 승부를 거는 것도 쉬운 일은 아니다. 세상엔 그런 떡볶이가 너무 많으니까. 그래도 현미 쌀떡보다는 밀떡을, 카레 소스보다는 매콤달콤한 소스를 선호하는 손님들이 더 많은 게 사실이다.

쟁쟁한 떡볶이 브랜드 사이에서 성공하고 싶다고? 내 취향

과 입맛에 딱 맞는 떡볶이보다, 떡볶이 마니아들을 사로잡을 수 있는 떡볶이를 개발해야 한다.

───◊───

"순문학은 작가가 쓰고 싶은 걸 쓰는 것이고
웹소설은 독자가 읽고 싶은 걸 쓰는 것이다."

───◊───

이것은 웹소설을 쓰기 전 어떤 작가님 강연에서 들은 말이다. 틀린 말은 아니지만 내 의견은 조금 다르다. 신춘문에 등단 작가 입장에서 말하자면(에헴), 순문학도 쓰고 싶은 대로 쓸 수는 없다.

이상문학상 수상자인 박상우 선생님 밑에서 소설을 배울 때였다. 합평 작품을 발표할 때마다 이건 이래서 안 되고, 저건 저래서 안 되고, 지적받기 일쑤였다. 물론 그 시간이 등단 작가로 성장하는 밑거름이 되었던 것은 분명하다.

다만 선생님 말씀에 고개를 끄덕이면서도 '내가 쓰고 싶은 건 이게 아닌데…'라는 생각이 머릿속에서 떠나지 않았다. 순문학도 작가가 쓰고 싶은 대로 쓰지 못하는데, 하물며 웹소설 작가는 오죽하겠는가?

웹소설은 크게 '여성향'과 '남성향'으로 나뉜다. 남성향 안에서도 현판, 겜판, 정판, 무협 등 다양한 세부 장르가 존재한다. 여성향인 로맨스 안에서도 현로, 로판, 동로, BL 등 여러 갈래로 나뉘므로 어떤 장르든지 마음대로 골라잡으시라.

하지만 주인공 성별만은 확실히 결정해야 한다! 주인공 성별에 따라 내 작품의 장르가 정해지기 때문이다.

- **남성향 주인공 = 남성**
- **여성향 주인공 = 여성(BL 제외)**

너무 도식적이라고? 맞다. 고루하고 획일적이다. 하지만 이 공식에서 벗어나면 바로 마이너가 된다. 여주 판타지가 조금씩 등장하고 있으나, 주류는 아니다.

왜 주인공 성별에 따라 장르가 결정되냐고? 독자들은 주인공에게 감정이입을 하기 때문이다. 남성 독자가 남성 주인공에게 감정이입하는 게 쉽겠는가, 여성 주인공에게 감정이입하는 게 쉽겠는가? 로맨스 남주인공 시점으로 스토리가 진행될 때도 있다. 하지만 여성향 장르라면 이야기를 끌어가는 중심 화자는 여성이어야 한다.

작가 지망생들의 시놉시스를 보면 여주 판타지가 제법 많다. 하지만 여주 판타지로 성공한 작품은 극히 드물다. 남주인공이 메인 화자인 로맨스? 성공작이 있는지 모르겠지만, 나는 본 기억이 없다. 그만큼 주인공 성별이 매우 중요하다.

주인공 성별과 주 타깃층 성별은 같아야 한다! 즉, 내 소설이 남성향인지, 여성향인지 분명해야 한다는 뜻이다. 장르가 모호해지면 무슨 문제가 생길까?

1. 투고 · 공모전에 불리하다.
2. 매출이 떨어진다.
3. 독자들에게 욕먹는다.

마케팅의 기본은 정확한 타깃 설정이다. 타깃 독자층이 모호한 작품은 출판사도 꺼린다. 독자들은 독자들대로 아우성이다. 마이너가 괜히 마이너겠는가? 남들이 하지 말라고 뜯어말리는 데는 다 이유가 있다. 다수가 성공했으면 마이너 취급받지도 않았겠지.

Small TALK

여주 판타지를 남성향으로 출간했다고 치자. '이게 왜 판타지냐? 로판으로 꺼져라!' 이런 악플이 달릴 것이다. 로맨스 판타지로 출간했다면? '로맨스도 없는데 이게 무슨 로판이냐! 알콩달콩 꽁냥꽁냥 언제 나오냐!'며 난리일 것이다.

소재나 스토리에 따라 마이너와 메이저가 갈리기도 한다. 대표적으로 새드엔딩! 열린 결말!은 극극극 마이너라는 걸 꼭 기억하길.

물론 성공한 마이너 작품도 있지만, 그 뒤엔 신이 내린 글빨을 가진 갓작가님이 계시다. 필력으로 독자 멱살 잡고 끌고 가는 작가님. 뭘 쓰든 빵빵 터지는 작가님들 말이다.

메이저 소재는 눈에 차지 않고, 써봤는데 개똥 같은 스토리만 튀어나온다면? 마이너든 뭐든 내가 쓸 수 있는 걸 쓰자. 억지로 쓴 글은 티가 난다. 당연히 작가도 재미없고, 독자도 재미없다. 작가도 매력을 느끼지 못한 작품을 누가 사보겠는가?

"돈도 좋지만, 나는 내가 좋아하는 작품을 쓸래!"

그런 뚝심도 좋다! 하고 싶은 거 다 하시라. 당신의 도전정신을 진심으로 응원한다! 다채롭고 재미있는 작품이 등장한다면 새로운 독자가 유입될 테고, 웹소설 세계도 더 넓어질 것이다. 대신 단단히 각오하라는 거다. 마이너만 쏙쏙 뽑아 쓰면서 왜 내 작품은 인기 없냐고 한탄하면 난감하기 짝이 없다.

마이너 = 작품성(×), 취향(○)

메이저든, 마이너든 취향일 뿐이다. 마이너 쓴다고 예술성이 뿜어 나오는 게 아니다. 메이저만 판다고 해서 작가의 개성이 사라지지도 않는다. 메이저 장르를 쓴다고 사라질 개성이었다면 처음부터 개성이 아니었던 거다! 그럴싸하게 흉내낸 잔기술이면 몰라도.

"문체는 의식의 지문이다.
사람의 지문이 섬세한 선으로 이루어진 것처럼
소설의 문체는 하나하나의 문장이 모여 이루어진
정신의 선율 혹은 감성의 문양이다."
- 소설가 박상우 -

지문은 변하지 않는다. 버리고 싶지만 버려지지 않는 것이 작가의 고유 감성이자 필체다. 뭘 쓰든 자신만의 지문을 가진 작가가 되자.

"내 작품 조회 수가 폭망인 건 마이너라서야. 엉엉! 메이저 썼으면 진작 대박 났을 텐데!"

구차한 변명은 집어치우시길. 대박 작품을 결정하는 요소는 한두 가지가 아니다. 미안하지만 당신 작품이 망한 건 필력이 구리거나 스토리가 고구마라서일 수도 있다!

마이너의 길을 선택한 당신께 마지막으로 충고하고 싶다. 아무리 마이너라도 그것과 비슷한 몇 개의 인기작을 찾아보자. 눈을 씻고 찾아봐도 내 작품과 비슷한 인기작이 없다고?

"와우, 신선해! 역시 난 창의적이야!"

너무 들뜨지 말자. 어떤 작가가 썼지만, 흔적도 없이 사라진 소재일 수 있으니까. 누구도 찾지 않는 극악 마이너라면 돈 버는 건 하늘의 별 따기보다 어렵다.

06

웹소설 작가가 되는
노하우가 있나요?

프로 작가가 되는 가장 빠른 방법 네 가지

웹소설은 골치 아픈 등단 과정이 필요 없다. 하지만 내가 쓴 작품으로 수익을 내려면 작품이 출간되어야 한다. 과정은 대략 다음과 같다.

집필 → 계약 → 완결 → 출판사 교정 & 리뷰

→ 수정 → 플랫폼 론칭 & 유료 판매

물론 이 과정은 출판사마다, 작품마다 조금씩 달라진다. 작품 시작 전에 계약부터 할 수도 있고, 완결 낸 후 계약할 수도 있으며, 연재하면서 완결 내기도 한다. 중간중간 표지를 만들 거나 프로모션 심사를 통과하는 과정이 필요하기도 하다. 교정을 3교까지 보는 출판사도 있다.

　어쨌든 이런 과정을 거쳐 프로 웹소설 작가가 되는 방법은 다음과 같이 크게 네 가지가 있다.

방법 1 공모전 수상
방법 2 무료 연재 중 출판사 컨택
방법 3 출판사 투고
방법 4 무료 연재 → 유료 연재 전환

가장 빠르고
확실한 도약!
공모전 수상

　상금 규모만 봐도 웹소설이 얼마나 매력적인 시장인지 알 수 있다. 대상 받으면 5,000만 원, 1억 원씩 준다. 정식 연재도 가능하고 웹툰으로 제작되기도 한다.

　나도 공모전을 통해 데뷔했다. 상금으로 엄마 아빠 용돈 드리고, 고급 일식집에서 회도 샀다. 심사 없이 카카오페이지 '기다리면무료'로 론칭했으며, 론칭 후 반응이 좋아 웹툰으로도 출간되었다.

　공모전이 좋다는 거 누가 모를까? 결국 어마어마한 경쟁률이 문제이다. 신인뿐만 아니라 기성 작가도 응모할 수 있네? 공동 저술도 문제없다고? 대체 얼마나 많은 작품이 쏟아지는 거야?

　웹소설이 돈 된다는 소문은 대한민국 방방곡곡에 퍼졌다. 어디서 글밥 좀 먹었다, 글빨 자신 있다 싶은 사람들은 공모전을 노린다. 가장 빠르고 확실하게 기성 작가로 자리매김할 수 있기 때문이다.

공모전은 크게 두 가지 형식으로 나뉜다.

❶ 투고형 공모전

마감일까지 시놉시스 + 정해진 분량의 원고를 이메일로 투고한다.

완결고 가산점도 있으나, 점점 없어지는 추세다. 어지로 완결 짓기보다 요구하는 분량 안에서 뼈를 갈아 넣는 것을 추천한다. 웹소설은 초반부가 진짜 중요하기 때문이다!

❷ 연재형 공모전

심사 기간 동안 플랫폼에 직접 연재하는 공모전이다.

흔히 20회차 이상 연재를 요구하고 예심과 본심을 따로 진행하기도 한다. 조회 수, 인기투표가 심사에 반영될 때가 많다. 조회 수를 올리려면 자주, 많이 연재해야 한다.

그렇지만 "프로 웹소설 작가가 되려면 역시 공모전이 최고지!"라고 단언할 수는 없다.

신인들은 모르는 공모전의 함정 〈예시〉

독자 수가 많지 않은 A 플랫폼 공모전에서 대상을 받았다.

총상금 1,000만 원인데 순수 상금이 500만 원,

선인세가 500만 원이란다.

무슨 뜻일까? 매출이 선인세를 뛰어넘지 못하면 그 작품으로 벌 수 있는 돈은 꼴랑 1,000만 원이란 뜻이다. 1,000만 원이면 충분하지 않느냐고? 전혀 그렇지 않다. 대상 수상 작품이라면 상업성도 훌륭하고 완성도도 좋을 확률이 높다. 독자가 많은 대형 플랫폼에서 판매했을 경우 상금보다 훨씬 더 많은 수익을 올릴 수도 있다.

연재형 공모전에서는 제법 많은 회차를 무료로 풀어야 한다. 수상한다면 문제가 없지만, 탈락한다면 무료로 푼 회차가 부담스럽다. 기성·네임드 작가들이 공모전에 참여하지 않는 이유도 이 때문이다.

어떤 경우에도 저작권은 작가가 가지고 있어야 한다. 계약기간도 보통 2~3년이다. 저작권 설정이 모호하고, 계약 기간이 긴 공모전이라면 피하자! 물론 공모전 수상은 여전히 매력적인 등용문이다. 상금도 상금이지만, 수상 경력이 작가 생활에 큰 도움으로 작용하기 때문이다. 그래서 기성 작가들도 공모전에 꾸준히 응모하고 있다.

Small TALK

공모전 필살 공략법은 65쪽에서 따로 다루겠다!

접근성 ★★★

대부분의 경우 유료 연재작, 계약작은 응모할 수 없다. 19금 공모전이 아니라면 통상 19금 작품도 받지 않는다. 폭력성, 선정성 기준이 더 까다로워졌기 때문이다. 12금도 아슬아슬할 수 있으니 전체 연령가로 쓰자.

중복 투고는 안 되지만, 다른 공모전에서 낙방한 작품을 수정해서 내는 건 가능하다. 같은 공모전에서 탈락한 작품은 받지 않는 경우도 있으니 정확하게 확인해본다.

필력 ★★★★

심사위원들은 전문가들이다. 몇 줄 읽지 않아도 작가의 필력을 속속들이 파악할 수 있다. 작품의 완성도는 기본이고, 캐릭터는 매력적이어야 하며, 소재는 참신하고, 대중성도 높아야 한다.

운 ★★★★★

필력이 뛰어나도 운이 따르지 않으면 공모전 수상은 불가능!

가장 쉽고도 어려운 방법, 무료 연재 중 컨택

네이버 챌린지리그 같은 플랫폼에서 무료 연재하다 보면 낯선 메일을 받게 된다.

'작가님의 훌륭한 작품 잘 읽었습니다.

저희 출판사와 계약해주십시오!'

드디어 출간 기회가 온 것이다. 와우, 역시 송곳은 주머니 속에 못 감춘다니까! 컨택은 가장 짜릿한 러브콜이다.

컨택은 언제쯤 받게 될까? 그건 아무도 모른다. 1편 만에 받을 수도 있고, 완결까지 썼는데 못 받을 수도 있다.

내가 가장 빨리 컨택 메일을 받았던 건, 조아라에 3화를 업로드했을 때였다. 조회 수가 200도 안 될 무렵이어서 무척 기뻤다.

무료 연재에서 인기를 끌면 컨택이 쏟아진다. 열 군데 이상의 출판사에서 메일을 받은 경우도 드물지 않다. 찔러보기식, 흩뿌리기식 컨택도 있으니 '내 소설이 정식 출간된다니! 나도 이제 프로작가야!' 하는 기쁨에 취해 섣불리 계약하진 말자.

"연재 초기에 계약했는데, 며칠 뒤에 더 좋은 조건으로 메일이 왔어요! 그것도 워너비 대형 출판사에서요."

이런 경우가 종종 있다.

물론 반대의 경우도 있다. 내가 『완결 후 에반젤린』을 무료 연재할 때 경험한 일이다. 8화를 올렸을 즈음 모 대형 출판사에서 컨택 메일이 왔다. 워낙 초반이라 '좀 생각해보고 나중에 연락 드리겠습니다.'라고 답장을 보냈다.

60화 정도를 올렸을 때쯤, 여러 조언을 바탕으로 그 출판사와 계약하기로 했다. 그런데 에디터 반응이 걸쩍지근했다. 원고를 검토해보겠다고 하더니 결국 일주일 후에 거절당했다.

출간하자고 할 때는 언제고? 작품 방향이 자사와 다르다거나 대폭 수정이 필요하다는 식이었는데, 아직도 그때만 생각하면 골이 띵하다. 내 작품을 놓친 걸 후회하게 해주겠어!

이를 박박 갈면서 로크미디어에 투고했다. 로크미디어에서 출간한 『완결 후 에반젤린』은 유료 결제율이 좋아서 '기다리면 무료' 전환이라는 보기 드문 행운까지 거머쥐었다.

컨택은 즐겁다. 속도 편안하다. 내 입맛에 맞는 출판사를 고를 수 있으니 얼마나 좋은가? 하지만 컨택을 받으려면 먼저 독자들에게 인정받아야 한다. 매일 수백, 수천 편씩 신작이 쏟아지는 연재 게시판에서 독자의 시선을 사로잡는 건 쉽지 않다. 내 맘에 쏙 드는 출판사의 컨택을 받는 건 더더욱 어렵다.

컨택에만 목을 매면 연재가 고통스러워진다. 그러므로 독자와 호흡하는 기쁨을 먼저 찾길 바란다.

접근성 ★★★★★

초보자도 당장 무료 연재를 시작할 수 있다. 같은 작품을 여러 플랫폼에 올려도 되므로 최대한 많은 플랫폼에 올려보자. 그만큼 출판사 에디터의 눈에 들 확률도 높아진다.

필력 ★★

뭘 어떻게 쓰든 작가 마음이다. 연재하면서 필력을 키울 수도 있고, 어설퍼 보이는 작품이 뜨기도 한다. 그렇지만 눈이 높아진 독자들을 만족시키려면 기본 필력은 갖추자!

운 ★★★

생각보다 출판사가 많기 때문에 학생뿐만 아니라 신인 작가도 컨택 받을 수 있다. 하지만 덥석 계약하면 낭패 볼 수도 있다. 출간 자체에 의의를 둔다면 모르겠지만, 우리의 목표는 대박 작가 아닌가? 내 작품을 잘 팔아줄 출판사 보는 눈도 키워야 한다.

출판사 없이 내 힘으로! 유료 연재

조아라, 문피아, 북팔 등의 플랫폼에서 작가가 직접 유료 연재를 선택할 수 있다. 상위 랭크에 오르면 웬만한 직장인보다는 훨씬 많이 번다. 억대 연봉 작가도 숱하게 많다.

처음부터 유료 연재를 시작하는 경우도 있고, 무료 연재를 하다가 유료로 전환하는 경우도 있다. 관작 300일 때 시작하는 작가도 있고, 1,000은 확보한 뒤에 전환해야 한다는 작가도 있다. 선택은 작가 몫이므로 독자 수와 연독률을 살펴보며 결정하자. 각 플랫폼별로 정산법, 수수료 등이 다르니 꼭 확인해야 한다.

무료 소설이 유료화되면 독자가 줄어들고 조회 수도 떨어진다. 자연스러운 현상이니 너무 마음 아파하지 말길. 돈 아깝지 않을 만큼 재미난 소설을 쓰면 조회 수는 늘기 마련이다. 분량을 늘리려고 억지로 쓴 글은 독자가 귀신같이 알아보니까 꼼수 부리지 말자.

두 플랫폼에 같은 작품을 동시에 유료 연재할 수 있을까?

비독점은 수익 배분율이 낮지만 불가능하진 않다. 플랫폼도 장사해야 하므로 독점 연재를 더 많이 밀어줄 수밖에 없다. 독자가 분산되므로 랭킹 올리는 데도 별 도움이 안 된다. 노출도 밀릴 수밖에 없다.

노출은 곧 조회 수이고, 조회 수는 곧 수입이다. 그래서 한 곳의 플랫폼에서 완결까지 연재하는 경우가 많다.

유료로 판 작품을 출판사와 계약할 수 있을까?

출판사와 계약해서 유통할 수 있다. 조회 수만 잘 나온다면 e북 계약은 어렵지 않다. 출판사 측에서는 특별한 투자 없이도 수익을 낼 수 있기 때문이다.

유료 연재에서 인기를 끈 작품은 타 플랫폼 프로모션도 턱턱 받는다. 물론 심사에서 떨어질 때가 더 많다. 심사 기간도 더 오래 걸린다는 평이다.

여성향보다 남성향 작품, 특히 문피아에서 유료 연재가 활발하다. 문피아의 갓작가들은 프로모션에 연연하지 말라고 조언한다. 재미있는 소설은 어딜 가나 돈이 된다는 것이다. 피땀 흘려 쓴 내 소설을 무료로 풀면서 생색내는 대형 플랫폼을 못마땅해하는 작가도 있다. 유료 연재로 돈을 벌고, 완결 후 e북 출간으로 또 번다. 작품이 쌓이면 쌓일수록 통장에 꽂히는 인세가 계속 늘어난다.

접근성 ★★

유료 연재는 프로 작가들의 진검승부다. 웹소설계 터줏대감들과 고정 독자를 거느린 갓작가들이 넘쳐난다. 매우 드문 경우지만 첫 달부터 몇백만 원씩 버는 신인 작가도 존재한다. 시도는 쉬우나, 꾸준한 수익을 내는 건 어렵다.

필력 ★★★

인기와 필력이 언제나 일치하는 것은 아니다. 필력은 좀 부족해도 무료 연재에서 독자들을 모았다면 유료 전환을 고려해볼 필요가 있다. 연독률과 고정 독자 수를 살펴보고 결정하자. 물론 인기 유료작치고 필력 떨어지는 작품은 보지 못했다.

운 ★

운보다 실력이 중요하다. 상위 랭킹을 차지하고 또 유지하는 것, 완결 짓고 새 작품을 쓰는 것 모두 실력과 노력의 결과다. 신이 내린 운빨을 가졌다면 몰라도.

두드림과 기다림!
투고로 웹소설
작가 되는 법

투고는 두드림이다. 직접 원고를 챙겨 출판사 문을 두드려야 한다.

투고는 기다림이다. 빠르면 일주일, 늦으면 한 달 이상 출판사 결정을 기다려야 한다.

두드림과 기다림이 꽃샘추위라면 반려 메일은 시베리아 눈폭풍이다. '투고해주셔서 감사합니다만…'으로 시작하는 반려 메일을 읽을 때면 온몸의 피가 얼어붙는다. 문장력이 훌륭하며, 차기작이 기대된다는 말이나 하지 말지. 어차피 계약해주지도 않을 거면서!

투고할 출판사 정하는 것도 힘들고, 시놉시스 쓰는 것도 힘들다. 메일함 들락이며 기다렸는데 실패하면 며칠동안 글이 손에 안 잡힌다. 이 과정이 괴로워서 투고를 망설이는 작가들이 많다. 하지만 대박 작가가 되어 워너비 출판사에서 모셔갈 때까지 투고를 멀리해서는 안 된다. 취미로 만족할 것이 아니라면 작품을 출간해야 한다. 기왕이면 대우 잘해주고, 교정 잘 봐주고, 영업력 빵빵한 출판사에서 출간하자. 그러면 웹소설 작가들은 언제 투고를 할까?

열심히 무료 연재를 했다.

대박일 줄 알았는데 조회 수가 소박하다 못해 궁핍하다. 컨택도 받지 못했다. 유료 연재는 아직 자신 없다. 그렇다고 출간을 포기할 순 없다. 그렇다면 남은 방법은 투고뿐이다.

무료 연재 성적이 꽤 좋았다.

투베에도 꾸준히 오르내렸고, 독자 반응도 화끈했다. 당연히 컨택도 많이 받았다. 그런데 꼭 같이 일해보고 싶었던 출판사에서는 연락이 오지 않았다. 이때는 고민해볼 것도 없이 투고하면 된다.

웹소설 쓰는 건 재미있는데 무료 연재는 부담스럽다.

조회 수 확인하랴, 댓글 살피랴 작업에 집중이 안 된다. 연재는 과감히 접고 작품에 매진했다. 완성된 원고는 공모전에 응모하거나 투고하면 된다.

대부분의 출판사는 상시 투고를 받지만, 요구하는 양식과 분량은 출판사마다 다르다. 완결고나 완결 70% 이상 진행된 원고만 받기도 한다. 투고는 전혀 받지 않는 출판사도 있다.

투고에 성공했다고 바로 계약할 필요는 없다. 다른 출판사 연락을 기다려보고, 조건도 비교해보자. 계약서도 이메일로 먼저 받아볼 것을 권한다. 계약서를 보내 달라고 하면 다 보내준다. 꼼꼼히 따져서 더 좋은 조건을 제시한 출판사와 계약하자! 몇 군데 떨어졌다고 좌절하는 것은 금물이다. 첫술에 배부를 수는 없다. 원고를 고쳐서 다시 투고하면 된다. 그래도 안 되면 새로 써서 투고하면 된다. 수십 번 실패해도 한 번만 성공하면 출간 작가가 되는 것이다.

접근성 ★★

출판사를 고르는 것부터 품이 든다. 시놉시스 작성도 녹록지 않다. 긍정적인 답보다 반려 메일을 받을 때가 훨씬 더 많다. 투고하고, 기다리고, 거절당하는 과정은 몇 번을 반복해도 괴롭다. 지치지 않는 멘탈의 소유자라면 접근성이 매우 좋은 편!

필력 ★★★

공모전과 마찬가지로 상대는 전문가다. 습작 기간이 짧아도 대중성, 가능성을 인정받으면 투고에 성공할 수 있다. 반대로 '문장력은 뛰어나지만, 우리 회사와 방향성이 맞지 않아서 계약 못 하겠다.'라는 거절 멘트도 쌔고 쌨다.

운 ★★★

운과 실력이 동시에 필요하다. 마이너한 소재인데 에디터의 심금을 울려 계약할 수도 있다. 반면 훌륭한 작품이라도 출판사 취향에 따라 거절당할 수 있다. 이럴 때 우리는 12군데 출판사에서 거절당했던 『해리포터와 마법사의 돌』이나, 130번 퇴짜맞았던 『영혼을 위한 닭고기 수프』를 떠올려보자. 좀 뻔하지만.

공모전에서 상 타려면
어떻게 해야 해요?

수상 경력 3회! 공모선 킬러 작가의 비법 공개

해마다 쟁쟁한 대형 플랫폼에서 공모전이 열린다. 상금도 엄청나다. 공모전에서 부와 명예를 거머쥐려면 어떻게 해야 할까? 모든 공모전엔 스킬이 필요하다. 스킬만 익히면 공모전 수상도 꿈이 아니다.

나는 2011년 '이외수 작가와 함께 하는 올레e북 공모전'을 시작으로 2016년 '동아×카카오페이지 장르소설 공모전', 2019년 '대한민국 창작소설 공모대전'에서 수상했다. 2020년 신춘문예에서는 당시 경쟁률이 가장 치열했던 세계일보로 등단했다.

재능뿜뿜 천재작가라 그런 걸까? 절대 아니다. 원래 공모전이 그렇다. 한 번 수상한 사람이 다른 공모전에서도 또 상을 탄다. 공모전 수상 비법을 웬만큼은 꿰뚫고 있기 때문이다!

비법 체득 과정은 쉽지 않다. 재능을 능가하는 노력과 파사삭 부서진 멘탈을 추슬러 다시 도전하는 끈기가 필요하다. 이번에는 셀 수 없이 많은 공모전에서 탈락하면서 얻은 공모전 스킬을 공유해본다.

**초반에
승부한다**

첫 화가 가장 중요하다. 제목도 엄청 중요하다. 첫 화, 제목에 모든 공력을 갈아 넣어야 한다. 이것은 아무리 반복 강조해도 부족함이 없다.

독자 및 심사위원의 선택을 받기 위해서는 일단 눈에 띄어야 한다. 이 작품을 계속 읽을지, 말지는 극초반에 결정된다. 팀장급 출판사 에디터님과 미팅 때 들은 말이다.

"첫 화만 봐도 팔릴지, 안 팔릴지 각이 나와요.

팔릴 줄 알았는데 망한 경우는 자주 있죠.

그런데 안 팔릴 것 같은 작품이

대박 치는 경우는 진짜 드물어요."

특히 1화부터 5화까지는 너무나 중요하다. 장편 출간하면 5화 정도를 무료로 보여주고 6화부터 유료 전환하는 경우가 많다. 무료 회차가 끝나는 그 지점! 결제할지 말지 고민하는 독자에게 내 작품이 꿀잼이라는 걸, 캐시를 질러도 후회 없다는 걸 아낌없이 보여줘야 한다!

내 소설의 핵심 사건이 20편에 나온다?

소용없다. 심사위원의 눈길은 벌써 다른 응모작에 가 있다.

엄청나게 매력적인 캐릭터가 50화쯤 나온다?

캐릭터 아끼다 똥 된다.

내 작품에서 가장 재미있고 흥미로운 내용은 웬만하면 앞부분에 나와줘야 한다. '괜찮은데? 재미있는 게 빵빵 터질 것 같아!' 이런 기대심을 극 초반부에 찔러주라는 뜻이다. 잊지 말자. 초반 임팩트!

'임팩트'라는 말을 오해하면 안 된다.

파격적인 건 자극적이기 쉽다.

자극적인 건 선정적이고 폭력적이기 쉽다.

작가가 감당하지 못하는 자극은 독일 뿐이다.

'임팩트'에 목숨 거느라 선을 넘어선 안 된다.

내 문장이 누군가에게 상처가 될 수 있다는 걸 잊지 말자.

**대중성을
어필한다**

"공모전에서는 어떤 작품을 뽑나요?"

대답하기 전에 다른 질문부터 해보자. 플랫폼은 왜 공모전을 열었을까? 공모전을 통해 그들이 얻는 이익은 뭘까?

수상하려면 주최 측의 욕망을 파악해야 한다. 플랫폼은 자선 사업가가 아니다. 어마어마한 상금을 주는 이유는, 그 이상 벌어줄 '황금알 낳는 거위'를 찾기 위해서다. 심사위원들이 원하는 것들은 대개 비슷비슷하다. 정답도 모집 요강에 전부 나와 있다.

심사 기준

완성도, 창의성, 대중성, 모바일 친화도

공모전에 따라 조금씩 다르지만 위의 항목은 반드시 포함된다. 이 중에서 완성도는 기본기에 해당한다. 이 글을 읽어줄 만한가, 이 작가가 독자들을 계속 끌고 갈 수 있는가 등을 가늠할 척도가 된다. 완성도를 보겠다는 건 기본기를 확인하겠다는 뜻이다.

완성도보다 중요한 것은 뭐니 뭐니 해도 대중성(상업성)이다. 공모전에서 대중성을 포기하겠다는 건 전쟁터에 총알 없이 나가겠다는 말과 같다.

"나만의 창의성으로 승부할 테야!"

창의성은 좋다. 하지만 그 창의성을 대중적으로 표현해야 한다.

당신이 심사위원이라고 생각해보자. 내 손으로 수상작을 뽑았다. 거액의 상금도 안겨줬다. 하지만 출간했는데 대중에게 철저히 외면당한다면?

심사위원의 마음속엔 늘 독자가 있다. 심사위원을 공략해야 하는 작가도 늘 독자를 생각해야 한다. 독자 심사가 포함되는 공모전이라면? 독자에 대한 배려가 없다면 필패다!

대중성은 어떻게 잡아야 할까? 유행 키워드, 트렌드를 철저히 파헤쳐야 한다. 내가 쓰는 장르에서 어떤 키워드가 유행하는지, 어떤 키워드가 한물갔는지 등에 대해 촉각을 곤두세워야 한다. 웹소설의 세계는 '이 세상에 다시 없을 특별함'보다 '폭넓은 대중성'이 훨씬 인정받는 시장이다.

그렇다고 유행 키워드를 닥치는 대로 끼워넣으면 될까? 물론 아니다! 트렌드만 쫓다가는 '그 밥에 그 나물' 취급받기 딱 좋다. 이때 필요한 것이 창의성이다. 독자들에게 익숙한 세계관 + 클리셰 + 키워드 안에서 작가만이 보여줄 수 있는 신선함! 다른 작품과 차별되는 재미가 공모전이 바라는 개성이고 창의성이다.

2019년 '네이버 지상최대공모전'의 로맨스 판타지 분야에서 당선한 작품을 예로 들어보자. 수상작을 살펴보면 유행 키워드가 소설에 잘 녹아있고, 제목에서부터 그 사실을 어필한다는 공통점이 있다.

『그 남주와 안전 이별하는 방법』 (대상)	#이별, #재혼, #이혼 등의 유행 키워드를 포함한 제목
『시한부인 줄 알았어요』, 『공작님의 아이를 숨겼습니다』, 『복수를 위한 결혼동맹』	#시한부, #육아, #복수, #계약결혼 등의 유행 키워드가 연상되는 제목
『꽃이기를 거부한다』	#걸크러시와 같이 진취적인 여주의 활약이 예상되는 제목

근성 없이는 수상도 없다

로또를 사지 않는 사람이 로또 맞는 것 보았는가? 로또에 당첨되려면 1,000원이든, 5,000원이든 들고 복권방에 가야 한다. 공모전도 결국 꾸준히 도전하는 사람이 수상자가 된다.

이것이 말처럼 쉬운 일은 아니다. 공모전 정보가 언제 공개될지 촉각을 세우는 건 매우 피곤하다. 시놉시스 쓰고, 응모 분량을 만들어내는 것도 힘들다. 심사 발표 날 때까지 피가 마르는 것은 당연한 이야기다.

나도 2019년 '네이버 지상최대공모전'에 응모했었지만, 안타깝게도 수상자 명단에 내 필명은 없었다.

"어라, 왜 없지? 이럴 리가 없는데?"

처음엔 내 눈을 의심한다. 작품을 봤다면 안 뽑아줄 리 없으니까! 그 단계를 넘어서면 쿨한 척 콧방귀를 뀐다.

"심사위원들, 보는 눈이 없구만. 흥! 나중에 후회하지 마셔!"

태연한 척해도 분노가 사그라들지 않는다. 누군가의 저주 때문에, 혹은 운명의 장난으로 불이익을 본 것 같다.

"트렌드 분석도 했고, 초반에 영혼을 다 갈아 넣었는데 왜 안 된 거야? 난 재능이 없나? 역시 재능이었던 건가?"

작품이고 뭐고 때려치우고 싶다. 서럽고 억울하다. 울고 싶다. 때론 진짜 운다. 쓰디쓴 좌절을 겪은 뒤에… 결국 다시 쓴다.

이 짓을 무한 반복해야 공모전에서 수상할 수 있다. 남들이 보기엔 재능 같지만, 재능보다 근성이 필요한 일이다. 매번 깨지고 터지면서 계속 쓰는 것. 그 꾸준함도 스킬이다. 그러려면 실패를 오래 곱씹으면 안 된다.

"언제나 될놈될이지. 난 안 돼. 내가 뭐가 되겠어? 김칫국 그만 마시고 포기해야지!"

이러면 진짜 끝나는 거다. 그러고 싶은가? 아니, 그렇게 쉽게 포기할 수 있는가? 그런 마음가짐으로 성공하길 바라는가? 그게 가당키나 한가? 남들 다 바라는 열매를 내가 따 먹으려면 더 질기게 버티고, 살아남아야 한다.

공모전 떨어졌다고 다 끝난 게 아니다. 다시 손봐서 투고하면 되고, 다른 공모전에 내면 된다. 무료 연재하면서 출판사 컨텍을 기다릴 수도 있다. 작품은 떨어졌지만, 작품을 쓰면서 늘어난 실력은 당신에게 자산으로 남는 것이다.

그 공모전에서 쓴맛을 본 후 네이버에서 역제안을 받았다. 사망선고를 받은 줄 알았던 작품으로 엔픽과 계약했다. 그렇게 부활한 작품이 『같이 목욕해요, 공작님』으로, 네이버 시리즈 다운로드 수 200만을 훌쩍 넘겼다. 찰나에 불과했지만, 희대의 걸작 『재혼황후』를 누르고 실시간 랭킹 1위에 오르기도 했다.

공모전은 벼랑이 아니다. 공모전에서 실패했다고 벼랑 아래로 떠밀린 것이 아니다. 고작 한두 번 떨어졌다고 내 작품을 의심한다? 그런 비관적인 생각은 내 삶을 갉아먹을 뿐이다.

내가 나를 믿어줘야 된다. 작가가 믿어주지 않는 작품을 누가 믿어줄까? 언젠가 된다는 믿음을 가지고 천천히 한걸음씩 가자. 목적지에 무엇이 있는지는, 완주한 사람만 확인할 수 있다.

투고에 성공하는 비법이 있나요?

출판사를 사로잡는 100% 성공 투고 꿀팁!

기다렸습니다, 용사여! 드디어 투고를 결심하셨군요. 시놉시스의 산을 넘어 반려 메일을 무찌르고 출간 계약까지 이룩합시다! 일단 초보들이 궁금해하는 질문부터 해결해보자!

질문1 완결까지 써야 하나?

NO! 출판사에서 요구하는 분량만 보내도 된다. 보통 5,000자 기준 10편 내외다. 물론 완결까지 보내도 되지만, 출판사에서 다 읽을지는 의심스럽다.

질문2 여러 출판사에 동시 투고해도 되나?

YES! 중복 투고하더라도 한꺼번에 여러 곳에 메일을 보내는 건 금물이다. 받는 사람 목록에 A 출판사, B 출판사, C 출판사 등등 줄줄이 달린 메일을 받고 반가워할 에디터는 없다. 한 메일에 한 출판사씩 보내자! 그건 출판사에 대한 예의다.

질문 3 투고할 출판사는 어디에서 찾나?

내가 쓰고자 하는 작품 장르가 흥하는 플랫폼으로 가보자. "나도 이 작품만큼 흥하고 싶다. 이 작품을 낸 출판사랑 계약하고 싶다."고 생각한 작품과 출간 출판사를 쭉 적어보자.

'출판사 이름+투고 메일 주소'를 검색해보면 관련 정보가 나온다. 출판사 홈페이지나 블로그를 확인하는 것도 좋은 방법이다.

질문 4 성공하면 꼭 계약해야 하나?

NO! 다른 출판사의 연락을 좀 더 기다려보길. 조건도 비교해보고 계약서도 받아보자. 계약하자는 출판사에는 고민해볼 테니 기다려달라고 하면 된다.

질문 5 투고 작품과 컨택 작품을 차별한다던데 진짜인가?

Small TALK

같은 출판사라도 담당 에디터에 따라 분위기가 천양지차다. 뭔가 꺼림칙하다면 의견을 전달하는 편이 좋다. 계약은 출간의 시작일뿐이다. 긴 코스를 완주하려면 러닝메이트인 에디터와의 호흡이 무척 중요하다.

NO! 비슷한 우려를 들은 적은 있지만, 공감하지는 못하겠다. 계약한 이상, 작가와 출판사의 목적은 똑같다. 작품을 잘 팔아 높은 매출을 올리는 것! 출판사가 작가를 차별해서 얻는 이익은 없다. 출간작이 많아서 소홀했을 수는 있겠지. 신작 낼 때마다 1억씩 벌어주는 작가와 검증 안 된 신인 작가를 대하는 것도 좀 다를 테고.

**투고 순서,
나만 믿고
따라와!**

다음과 같은 순서로 투고를 진행해보자.

❶ 투고할 출판사 정하기

무조건 대형 출판사를 고집할 필요는 없다. 내 작품을 잘 케어해주고, 잘 팔아줄 출판사가 어디인지 계약 전에는 잘 모른다. 워너비 출판사를 찾아 목록을 만들어보자.

❷ 출판사별 투고 양식, 메일 주소 확인하기

Small TALK

시놉시스 잘 쓰는 법은 105
쪽에서 확인하자.

시놉시스는 너무 길지 않게 쓰자. 에디터를 홀릴 수 있게 원고와 시놉시스를 갈고 닦자.

❸ 투고 메일 쓰기

'투고합니다.'라는 간단한 말로 메일을 끝내는 작가들이 많지만 내 의견은 다르다. 투고 메일은 작가의 첫인상이다. 투고 장르, 작품 제목, 분량, 작가 경력 등을 포함해 간략하게나마 정보를 전달하는 게 좋다. 출판사에서 출간한 작품을 언급하면서 호감을 표시하는 것도 괜찮다.

❹ 답장 기다리기

제일 힘듦! 완전 힘듦! 출판사 답변은 빠르면 7일 이내에 온다. 보통 2주에서 4주, 드물지만 한 달 이상 걸릴 때도 있다. 원고 잘 받았다는 답신과 함께 내부 심사에 몇 주 걸린다는 안내가 오기도 한다. '답장 없음'으로 거절하는 출판사도 있었지만,

요즘 그런 출판사는 찾아보기 힘들다.

❺ 투고 성공!

작가님 계약합시다! 긍정적인 답메일을 받았는가? 그렇다고 덜컥 사인하지는 말자. 더 좋은 출판사에서 연락이 올 수도 있으니까.

여러 군데에 투고를 성공했다면? 제일 먼저 연락 온 출판사와 계약하지 않아도 된다. 조건을 물어보고 계약서도 미리 받아보자. 투고에 성공했다면 작가가 갑이다. 꼼꼼하게 고르고 따져본 후 계약하자!

❻ 전부 반려 메일이라면?

원고의 시놉시스부터 고쳐서 다시 투고하자!

이것만은 기억하자, 투고 핵심 꿀팁!

성공적인 투고를 원한다면 다음 사항을 꼭 기억해야 한다.

❶ 상업성이 투고 성공을 좌우한다.

출판사는 예술가 지원단체가 아니다. 표지비, 교정비, 인건비, 운영비, 기타 잡비 등 출판사가 투자한 비용 이상의 매출을 뽑아낼 만한 작품을 고를 수밖에 없다. 독자들이 읽고 싶은 것, 시장에서 팔릴 만한 것, 요즘 잘 나가는 것, 투고에서는 그런 게 중요하다.

비주류, 지나치게 새로운 시도, 무겁고 복잡한 문장은 좀처럼 긍정적인 답을 듣기 어렵다. 성공한다 해도 뜯어고치는 수준의 리메이크 요구를 받을 수도 있다. 하지만 에디터 취향도 분명히 존재한다. 마이너 소재로 투고에 성공한 케이스는 얼마든지 있다.

❷ 장르와 주인공이 명료할수록 성공 확률도 올라간다.

출판사는 불분명한 작품을 꺼린다. 남성향인지, 여성향인지 장르가 모호하면 안 된다. 주인공이 누군지 헷갈려도 안 된다. 주인공의 목표도 선명해야 한다. 그럼 어떻게 써야 할까?

- **장르** → 눈 감고도 분류할 수 있도록 선명하게!
- **주인공** → 조연들에게 밀리지 않도록 비중 확실하게!
- **주인공 목표** → 전체 스토리를 끌고 갈 수 있도록 뚜렷하게!

❸ 반려 메일의 함정

"당신 소설 너무 후져. 기본기도 형편없고, 캐릭터도 고구마야. 이런 걸 출간하겠다고 투고하다니! 양심 없는 거 아냐?"

세상에 이런 반려 메일은 없다. 어떤 작가가 언제 대박 칠지 모르는데 괜히 나쁜 인상 심어줄 필요가 없으니까.

"필력이 훌륭하고, 스토리도 매력적이었습니다. 하지만 본사의 방향성과 맞지 않아서 계약은 어려울 것 같습니다."

이런저런 칭찬을 늘어놓으면서 부드럽게 거절하는 것이 반려 메일의 특징이다. 위안은 받되 혹하지 말자. 정말 팔릴 작품 같았다면 반려 메일 같은 건 보내지 않았을 것이다.

수정해서 같은 출판사에 다시 투고하는 것도 권하지 않는다. 수정해서 나아질 작품이었으면, 출판사에서 먼저 계약하자고 했을 것이다. 다른 작품으로 또 투고해달라는 말도 반려 메일의 클리셰란 걸 꼭 기억하길.

Small TALK

믿기 어렵겠지만 출판사는 문학성이 높은 작품, 문장에 공들인 작품을 그리 선호하지 않는다. 독자의 만족이 아닌 작가의 만족을 위해 완성된 작품일 확률이 높기 때문이다. 문장에 공을 들일수록 전개가 느려지고, 긴장감이 떨어지기 쉽다. 그런데도 재미있다면 계약 가능!

❹ 피드백을 받고 싶다면?

의례적인 거절 메일이 올 때가 많지만, 정성 어리게 피드백을 해주는 출판사도 있다. 하지만 피드백은 출판사의 호의지, 의무가 아니다. 피드백 안 해줬다고 다른 출판사랑 비교하면서 까면 안 된다. 정말 에디터의 평을 듣고 싶다면 투고 시 정중하게 피드백을 부탁드린다고 요청할 수 있다.

A 출판사에서 까였다고 망한 소설이 아니다. A 출판사가 꼬집은 단점을 B 출판사는 장점으로 볼 수 있다. 한 사람의 의견에 너무 휘둘리지 말자. 하지만 여러 출판사가 같은 문제를 지적한다면 그 부분은 반드시 고치는 게 좋다. 상대는 이 분야의 전문가들 아닌가!

무료 연재, 왜 해야 해요?

신인 작가만 모르는 무료 연재의 장·단점

"힘들게 쓴 작품을 왜 공짜로 보여주라는 거야? 돈 주고 팔아도 아까운 마당에!"

처음 웹소설을 시작할 때는 무료 연재를 왜 해야 하는지 몰랐다. '무료 연재할 시간에 공모전 내고, 투고하는 편이 이익 아닌가?', '공짜로 보던 걸 누가 사 봐?' 하는 의구심도 있었다.

밑지는 장사 같지만, 무료 연재는 생각보다 장점이 많다. 단순히 출판사 컨택 때문만은 아니다.

놓치기 아까운
무료 연재의
꿀장점

❶ 독자 반응을 즉시 캐치할 수 있다.

내 소설이 통할지, 안 통할지 실시간으로 확인할 수 있다. 작품의 상업성, 대중성을 시험해 볼 수 있는 절호의 기회다. 연재하다 보면 독자가 뭘 좋아하고 뭘 싫어하는지 감이 잡힌다. 시선을 사로잡지 못하면 묻힌다는 것도 깨우친다.

댓글과 추천은 작업에 활력을 불어넣는다. '대박 재미있어요, 작가님!', '다음 편 기다리고 있어요! 제발 연참해주세요!' 응원 댓글에 웃음꽃이 활짝 핀다. 비판도 피가 되고 살이 된다.

연참은 여러 편을 동시에 업로드하는 것을 외미한다.

❷ 작업 속도가 빨라진다.

무료 연재에서 인기를 끌려면 꾸준한 업로드는 선택 아닌 필수다. 주 5편, 혹은 그 이상 연재하는 작가들이 수두룩하다.

연참은 조회 수와 선작을 끌어올린다. 다음 편을 기다리는 독자를 위해, 연참하겠다는 약속을 지키기 위해 쓰기 싫어도 쓰게 된다. 혼자서 쓰는 것보다 속도가 빨라질 수밖에.

❸ 출판사 컨택을 받는다.

무료 연재를 하다 보면 출판사로부터 계약하자는 연락이 온다. 여러 곳에서 러브콜이 쏟아질 수도 있으니 그중 마음에 드는 출판사를 골라 계약하자. 컨택을 거절하고 워너비 출판사에 투고할 수도 있다. 여러 명의 에디터가 눈독 들인 작품은 투고 성공 가능성도 크다.

❹ 돈을 번다.

무료 연재로 독자를 모았다면 유료 전환을 통해 수입을 올릴 수 있다. 문피아에서 활동하는 남성향 작가들은 이 루트를 선호한다. 프로모션 심사 받을 필요도 없고, 수수료도 적게 내고, 내 작품의 재미만으로 승부할 수 있기 때문이다.

무료 연재 성적이 좋을수록 프로모션 심사 통과가 쉽다. 프로모션을 잘 받은 작품은 높은 수익을 올릴 확률이 크다.

❺ 필력이 향상된다.

웹소설을 쓸 때는 독자와의 호흡, 독자에 대한 이해가 필수이다. 그러나 작가는 혼자만의 세계에 갇혀있기 쉽다. 이럴 때 무료 연재를 시작하면 좋든 싫든 독자를 의식하게 된다.

치열한 무료 연재판에서 살아남기 위해서는 유행 키워드 분석법, 제목 짓는 법, 작품 소개 쓰는 법 등을 익힐 수밖에 없다. 어떻게 써야 독자들이 좋아할까? 계속 고민할수록 필력이 향상된다.

이런 무료 연재의 장점은 한순간에 단점으로 돌변하기도 한다. 마음의 준비를 단단히 하고 무료 연재의 단점을 살펴보자.

**피눈물 나는
무료 연재의 단점**

❶ 독자 반응 때문에 괴롭다.
조회 수 20, 추천 1, 댓글 0

초라한 성적표를 받으면 가슴이 찢어진다. 투베 상위권에 올라 선작 1만, 2만씩 쭉쭉 끄는 작품을 보며 자괴감에 휩싸인다. 내 글이 구린 걸까? 접어야 하나? 하루에도 몇 번씩 고뇌에 빠진다. 악플이라도 달리면 작품이고 뭐고 손에 안 잡힌다.

"개연성도 떨어지고 너무 유치해요."

"남주 완전 개고구마. 여주가 아깝…"

이 정도는 귀엽다. 가끔 사이버수사대로 뛰어가고 싶을 만큼 독한 악플이 달리기도 한다. 별점 테러도 괴롭기 짝이 없다.

독자의 말에 귀 기울이는 것과 독자에게 휘둘리는 건 다른 문제다. 댓글 창 닫고 연재하는 작가가 있는 것도 이 때문이다.

❷ 연재하느라 피로하다.

손이 느린 작가에게 연재는 큰 스트레스다. 빨리, 꾸준히 쓰라는데 그게 말처럼 쉽지 않다. 투잡, 겸업이라면 하루에 한 편도 버겁다. 독자들은 연참해달라고 아우성이다. 아파서 며칠 쉬었더니 선삭 비가 내린다.

연재에만 급급하면 몸은 피폐해지고, 작품 완성도도 함께 뚝 뚝 떨어진다.

❸ 컨택이 없다.

하루에도 몇 번씩 메일함, 쪽지함을 들락날락거리지만, 소식이 없다. 신인 작가이든, 기성 작가이든 컨택이 없으면 자신감이 뚝 떨어진다. 왜 내 작품은 거들떠보지 않는 거지? 투고도 실패하면 어쩌지? 걱정과 두려움이 눈앞을 가린다.

작가에게 초조함은 독이다. 이것을 잘 알면서도 매번 가슴 졸이는 것이 작가의 운명이지만.

❹ 돈을 못 번다.

컨택도 안 오고 조회 수도 처참한데 유료 전환이 웬 말이냐! 짧으면 몇 달, 길면 1년 이상 공들여 썼는데, 땡전 한 푼 못 벌 수도 있다.

무료 연재 성적이 별로면 출간 기회가 적어진다. 프로모션 심사도 하늘의 별 따기. 유료 연재는 어렵고, e북 단행본 시장은 신인 작가에게 더 가혹하다. 치킨값이냐, 커피값이냐? 뚜껑 열기 전까지 아무도 모른다지만, 무료 연재에서 빛을 못 본 작품이 유료 연재에서 대박 치는 경우는? 그리 많지 않다.

❺ 필력의 한계를 느낀다.

초반은 그리 어렵지 않다. 설정 풀고, 주요 등장인물 등장시키면 술술 써진다. 하지만 중반으로 넘어가면 사정이 달라진다. 뭘 어떻게 써야 할지 막막해질 때가 온다. 고치고 싶지만, 연재 중에는 수정도 쉽지 않다.

게다가 독자 반응이 부정적으로 돌아서면 글과 멘탈이 동시에 흔들린다. 그나마 있던 선작도 떨어져 나간다. 인기 작품과 비교하다 보면 '내글구려 병'도 밀어닥친다.

당신에게 무료 연재가 필요한 이유

단점을 보고 오니 무료 연재가 부담스럽다고? 안타깝지만 지금까지 언급한 무료 연재의 단점은 웹소설 작가라면 언제든지 맞닥뜨리게 되는 시련이다. 악플 때문에 밤잠 설치는 건 물론, 야심차게 출간한 신작이 무관심 속에서 사라지는 걸 지켜

봐야 할 수도 있다.

평일과 주말 가리지 않고 키보드를 두드리는 나날들. 피로로 찌들어가는 몸뚱이. 네임드 작가도 피할 수 없는 고통이다. 당신은 선택해야 한다. 이겨낼 것인지, 포기할 것인지.

'연재는 필력 키운 다음에 해야지. 내 멘탈은 소중하니까.'

'나는 연재 스타일이 아니야. 공모전 기다려야지.'

무료 연재 때문에 글 쓰는 것 자체가 스트레스라면 꼭 무료 연재를 고집하지 않아도 된다. 하지만 내가 신인 시절로 되돌아간다면 무조건 무료 연재부터 시작할 것이다.

나는 10년 이상 썼던 순문학을 잠시 접고, 데뷔작 『세자빈의 발칙한 비밀』을 썼다. 65만 자 분량의 원고를 아무에게도 보여주지 않고 8개월 동안 혼자 썼다. 무료 연재가 뭔지, 플랫폼이 뭔지도 모를 때였다.

공모전에 뽑히고 난 뒤 두 번째 작품도 혼자 썼다. 그래도 괜찮다고 생각했다. 데뷔작이 잘 됐으니까. 그런데 이게 웬걸? 공모전마다 떨어졌다. 담당자 반응도 미적지근했다. 이대로는 안될 것 같아서 접었다. 30만 자나 쓴 작품을 버리려니 아까워서 눈물이 났다.

세 번째 작품 『꿈꾸듯 달 보듬듯』을 썼을 때도 무료 연재를 하지 않았다. 시놉시스를 담당자에게 보여줬는데 당장 계약하자고 했다. 네이버 정식 연재 갔다가 드라마화를 노려보자는 것이었다.

그때는 그게 가능할 줄만 알았다. 20만 자 분량을 써서 네이 버 심사를 넣었는데, 5개월을 기다려도 감감무소식이었다. 그 즈음『세자빈의 발칙한 비밀』이 카카오페이지에서 론칭됐다. 독자 반응을 받아보는 건 난생처음이었다. 하나둘 달리는 댓글 을 보면서 깨달았다. 내가 뭔가 놓치고 있었다는 걸.

'고구마가 뭐야? 내 남주가 이렇게 형편없다고?'

당장 수정하고 싶었지만, 종이책도 출판된 상황이었다.『꿈 꾸듯 달 보듬듯』이 네이버 심사에서 떨어졌다는 연락도 받았 다. 사실 무료 연재가 필요하다는 건 알았지만, 용기가 나질 않 았다. 독자에게 평가당한다는 것이 제일 무서웠다.

"밑천만 다 드러나면 어쩌지? 가망 없다고 선고받는 거 아 냐? 그럼 순문학으로 돌아가야 하나?"

기나긴 고민 끝에 신작『완결 후 에반젤린』을 조아라에 올리 기 시작했다. 처음 해보는 무료 연재였다. 두렵기는 마찬가지 였지만 일단 부딪혀 보기로 했다. 선작이 뭔지, 연참이 뭔지도 몰랐다. 3년차 웹소설 작가였으면서!

재미있다는 댓글에 함박웃음을 짓다가도, 순위가 떨어지면 움츠러들었다. 독자 의견을 수용할 때도 있었고, 욕먹으면서 처음 설정을 고집할 때도 있었다. 느리지만 조금씩 연재 감각 을 익혀나갔다. 혼자 쓸 때는 몰랐던 것들이었다.

투베 상위권에도 들고 선작도 1만 정도 모았다. 컨택이라는 것도 받아봤다. 결국 투고로 출간했지만.

부끄럽지만 나는 무료 연재 전까지 웹소설을 별로 읽지 않았다. 키워드가 뭔지도 몰랐다. 유행에 무지하니까 내 소재가 한물갔다는 것도 파악하지 못했다. 솔직히 나 정도 글빨이면 무조건 먹힐 줄 알았다. 데뷔작이 잘 풀려서 기고만장해진 상태였다. 운이 엄청 좋았다는 것도 모르고.

문예창작을 전공한 작가, 습작 기간이 길었던 작가, 필력에 자신 있는 작가가 쉽게 저지르는 실수였다. 웹소설에 대한 연구 없이 뜰 수 있다고 믿는 것 말이다. 한 번이라면 가능할지 모른다. 운이 좋으면 두 번도 가능하겠지. 하지만 웹소설 작가로 계속해서 살아남기란 불가능하다.

나는 무료 연재를 통해 현실을 깨달았다. 실전 경험도 많이 쌓았다. 레벨업은 고되지만, 당신도 그 경험을 해봤으면 좋겠다. 단 한 번일지라도!

2장

데뷔작으로
대박 나는 작법 스킬
파헤치기

바로 써먹을 수 있는
웹소설 작법 스킬을 정리했습니다.
돈 버는 이야기는 따로 있다는 것을 기억하세요.
지금부터 독자들을 사로잡는 웹소설을 써봅시다.

뭘 써야 할지 모르겠는데요?

의외로 쉬운 대박 소재 찾는 법

본격적으로 웹소설을 써보자. 뭘 쓸 것인가? 어떤 이야기로 독자들을 사로잡을 것인가? 작가는 독자의 심장을 꿰뚫을 소재부터 찾아야 한다.

머릿속에 뭔가 희끄무레하게 떠오르는데 어떻게 시작해야 할지 모르겠다고? 이 소재는 너무 뻔하고, 저 소재는 어디서 베낀 것 같다고?

원래 소재 아이디어는 벼락같이 왔다가 신기루처럼 사라진다. 기깔나는 소재가 하늘에서 뚝 떨어지지도 않는다. 항상 신경을 곤두세우고 사방을 킁킁거리지만, 그럴듯한 소재를 만나기는 쉽지 않다. 이거다 싶어 냉큼 움켜쥐어도 금세 손가락 사이로 빠져나가곤 한다.

대박 소재는 어떻게 찾을 수 있을까?

―――――◇―――――

"작가는 아무것도 잃어버리지 않는 사람이다."

- 헨리 제임스(Henry James) -

―――――◇―――――

생각이든, 경험이든, 지식이든 잊으면 끝이다. 겨울을 버틸 연료와 식량을 창고에 쌓듯 차곡차곡 소재를 모아보자.

**자기가
잘 아는 걸 쓰자**

모르는 걸 갖다 쓰면 티가 난다. 문장도 지저분해지고 사건 전개는 억지스러워진다. 안 맞는 옷을 입고 무대 위에 선 모델처럼 뭘 하든 어색해지는 것이다. 작가보다 영리한 독자가 그걸 모를 리 없다.

웹소설을 처음 시작하는 작가라면 주변에서 이야기 '깜'을 찾는 방법부터 터득해야 한다. 처음부터 반짝반짝 빛나는 소재는 없다. 다른 사람은 잘 모르는 나만의 디테일을 찾아보자. 대단하지 않아도 된다.

내가 좋아하는 분야라면 더 좋다. 직접 경험해본 생생한 에피소드를 작품에 녹이는 연습도 필요하다. 단순한 설명은 지루하다. 그날의 공기, 냄새, 촉감을 되살려서 묘사해보자. 작가만의 색채가 자연스럽게 묻어나올 수 있도록!

나는 신인 작가들에게 트렌드 분석을 강조하곤 한다. 명심
하자! 트렌드를 놓치지 말라는 것은 독자의 니즈를 간파하라는
뜻이지, 뻔하디뻔한 이야기를 반복하라는 게 아니다.

팔리는 소재라서 어쩔 수 없이 쓴다고? 잘 써지지도 않거니
와 그 작품으로 돈 벌기도 쉽지 않다. 작가 생활 한두 해 하고
접을 게 아니라면, 작품에 나만의 개성을 담아야 한다. 그리고
독자에게 인식시켜야 한다.

"이 작가 작품은 (   )한 매력이 있어. 이 작가는 (   )한 점이 진짜 좋단
말이지."

당신이 잘 아는 이야기, 정말 좋아하는 글감을 찾자. 그 씨앗
이 싹을 틔우고 아름드리나무로 자랄 수 있도록 발전시키자.

나의 세 번째 소설 『꿈꾸듯 달 보듬듯』은 강화도 여행 중 연
산군 유배지에서 떠올린 이야기다. 연산군이 생을 마감했다는
작은 집 뒤편엔 오래된 우물이 있었다.

평생 고귀하게 살아온 연산군도 직접 물을 길어 마셨겠지?
우물 앞에서 희대의 폭군은 무슨 생각을 했을까? 소설은 그 질
문에서부터 시작되었다. 한겨울 교동의 스산한 분위기를 귀신
이미지와 겹쳐 묘사하기도 했다.

작가의 경험은 꽤 쓸만한 소재다. 현대물이라면 더욱 강력한
힘을 지닌다. 편의점 알바, 골프장 캐디, 영업사원, 아파트 경비

원, 학원 강사 등등 어떤 직종이라도 상관없다. 자신의 경험은 어떻게 활용하느냐에 따라 훌륭한 소재가 될 수 있다. 단언컨 대 작가에게 쓸모없는 경험은 없다.

관찰하고
메모하라

소재 창고를 빵빵하게 채우려면 메모는 선택 아닌 필수다. 사람의 기억력은 그리 대단하지 않다. 좋은 소재를 잃고 싶지 않다면 메모하는 습관을 반드시 길러야 한다.

『메모의 기술』의 저자 사카토 켄지는 "메모는 다시 읽어보고 활용하기 위한 것"이라고 말했다. 다시 읽지도 않고, 활용하지 도 않는 메모는 유통기간이 지나서 버리는 통조림에 불과하다.

메모 습관이 있다고 모두가 멋드러진 소재를 찾는 건 아니 다. 제대로 써먹고 싶다면 체계적이고 효율적으로 메모해야 한 다. 나는 작가가 되기 전부터 메모광이었다. 요즘에는 주로 구 글 문서를 이용하지만 스마트폰이 없을 땐 수첩, 포스트잇을 가지고 다녔고, 모든 가방에는 미리 볼펜을 넣어두었다. 수첩 이 없으면 영수증 뒷면이나 나무젓가락 포장지에 메모했고, 볼 펜이 없으면 손톱으로 종이를 긁어 메모하기도 했다!

낯선 단어, 울림을 주는 한 마디, 소름 끼치는 사회 뉴스, 모 든 걸 적지 못해서 안달복달했달까?

이 밖에도 10년 만에 만난 친구와의 대화, 엄마와 방문한 맥 주 공장 풍경, 지하철에서 만난 아이의 돌고래 풍선 등등 세상 은 글감 천지다. 진상 부리는 마트 손님을 보고 캐릭터가 떠오 를 때도 있다. 비 오는 날 드라이브하다가 영화 속 한 장면을 보고 불현듯 아이디어가 찾아오기도 한다. 가끔은 꿈속에서도 소재가 찾아온다. 바로 메모하지 않으면 영영 사라질 것들이다.

그 시절의 메모와 메모 습관은 나의 든든한 자산이다. 다음은 내 경험을 바탕으로 정리한 메모 비법이다.

제대로 써먹는 메모 비법

- 언제든지 메모할 수 있도록 준비한다.
- 시각, 청각, 촉각, 후각 등 모든 감각 기관을 총동원해서 관찰한다.
- 획득한 정보 중 필요한 것만 골라낸다.
- 사진, 녹음을 활용한다.
- 사실과 작가의 생각을 구분해서 메모한다.
- 체계적으로 정리해서 보관한다.

작가라면 보이지 않던 것을 독자가 볼 수 있게끔 해야 한다. 존재하지 않는 가상 세계를 믿게 만들어야 하고, 상상 속 인물에게 홀딱 빠져들도록 해야 한다. 그러려면 독자의 공감을 끌어내고, 독자의 상상력을 자극시킬 글감을 끊임없이 찾아야 한다.

관찰하고 메모하면 좋은 것들

- 개성 넘치는 캐릭터로 발전시킬 수 있을 만한 인물
- 배경 묘사에 쓸 수 있는 공간 이미지, 배치도, 설계도
- 호기심을 불러일으키는 상황, 반전 스토리
- 독특한 대화
- 전문 직종에 관한 디테일, 에피소드

그렇지만 세상 모든 것을 직접 경험할 수는 없다. 경험에는 한계가 분명 존재한다. 대박 작가가 되기 위해 이번 주는 히말라야산맥을 등반하고, 그 다음 주엔 택배 상·하차장에서 일할 수 없는 노릇이다. 다양한 경험을 하고 싶지만, 체력·생계·심리 문제로 시도조차 못 하는 경우도 많다. 하지만 걱정할 필요 없다. 부족한 경험은 다른 방식으로 채우면 되니까!

책과 강좌를 통해 인문학적 지식을 쌓고, 전문 직종 종사자를 인터뷰하는 것을 추천한다. 뻔한 얘기라고? 간접 경험 중에서 이것만큼 정확하고 확실한 정보를 얻을 수 있는 방법이 또 있을까?

인터뷰가 어렵다면 다양한 사람을 만날 수 있는 모임에 참여해보자. 태생이 집순이, 집돌이라고? 거기다 낯까지 가린다고? 그럼 전문 직종 종사자를 다룬 다큐멘터리, 유튜브, 수기를 찾아보면 된다. 그런데 여기서 꼭 기억해야 하는 것이 있다.

아는 것 ≠ 쓰는 것

아는 걸 작품에 전부 담으려고 하면 망한다. 압축하고, 또 압축해서 전달해도 독자는 지루할 뿐이다.

'방송국 PD는 하루 종일 무슨 일을 할까?'

'축구선수의 재활 훈련 시스템이 너무 궁금해!'

이런 게 궁금한 독자는 거의 없다. 하지만 작가는 모르면 안 되므로 자료를 충분히 조사하자. 그래야 사건화, 캐릭터화할 수 있는 디테일을 찾을 수 있다.

배경 조사를 빵빵하게 할수록 독자가 관심 없는 내용을 쓰게 될 확률이 높아진다. 그러나 배경지식은 그저 배경지식일 뿐이다. 그걸 읽으면서 즐거워하는 사람은 대개 작가뿐이고.

Small TALK

웹소설 문장은 전략적이어야 한다는 걸 꼭 기억하시라. 그래야 재미를 잡을 수 있다.

나도 『꿈꾸듯 달 보듬듯』의 소재를 발전시키는 과정에서 신동준 박사의 『연산군을 위한 변명』이란 책을 읽었다. 책을 통해 조선왕조실록에도 오류가 있음을 알게 됐다. 역사는 대개 승리자의 기록이다. 연산군시대의 기록은 그를 끌어내린 반역자(혹은 혁명가)가 쓴 결과물이다.

정말 연산군은 세상 둘도 없는 쓰레기였을까? 왜 갑자기 미친 짓을 했을까? 연산군에 관련된 역사서를 수십 권도 더 읽었다. 그렇지만 작품에는 내가 조사한 내용 중 극히 일부만 담겨 있다. 작가는 자료가 아닌, 이야기로 독자를 사로잡아야 한다.

소재를 작품으로 부화시키는 법   소재 창고를 꽉꽉 채웠어도 활용하지 않으면 아무짝에도 소용없다. 흥미로운 소재를 쓴다고 대박 나지 않는다. 더 재미있게, 더 강렬하게 발전시켜야 한다.

오늘 잡은 소재를 내일 당장 끓여 먹지 말자. 때로는 어미 닭이 알을 품듯 소재가 부화될 때까지 기다릴 줄 알아야 한다. 당연히 마냥 기다리란 말은 아니다.

작품에 필요한 소재는 다음과 같은 방법으로 차근차근 마련해 보자.

❶ 단 하나의 그림이 떠오를 정도로 구체적으로 상상하자.

모호한 소재는 모호한 이야기를 만들 뿐이다. 허구의 세계를 표현하려면 구체적인 상상력이 필요하다. 내가 만든 세계를 눈 감고도 설명할 수 있어야 한다. 그림을 보고 묘사하는 것처럼 생생하게, 직접 냄새를 맡고 손으로 만져보는 것처럼 구체적으로 상상하자.

❷ 한두 줄의 문장으로 정리하자.

소재를 '로그라인'으로 정리해 보자. 그 이야기가 매력적인지, 시시한지 한눈에 파악할 수 있다. 독자에게 내 이야기를 효과적으로 전달하려면 장황한 내용을 압축할 줄 알아야 한다. 여러 버전으로 써보고 가장 흥미로운 이야기를 고르자.

Small TALK

'로그라인'이란, 줄거리를 딱 한 문장으로 간결하게 정리한 것을 의미한다.

소재의 예시 – 버려진 소년, 몬스터, 황제

예1 부유한 부모에게 버려진 소년이 다양한 몬스터 친구들을 사귀고, 그들의 도움으로 황제가 되는 이야기

예2 노예 시장에서조차 버려진 외눈박이 소년이 몬스터를 잡아먹으면서 힘을 흡수하고 악한 황제를 처형하는 이야기

예3 마음을 읽는 능력 때문에 버려진 소년이 몬스터 덕분에 목숨을 구하고 황제의 후계자로 성장하는 이야기

❸ 어떻게 하면 개선할 수 있을지 끊임없이 질문하자.

소재일 때는 그럴싸해 보였는데, 로그라인으로 정리해보니 그 맛이 안 난다. 어떻게 하면 나아질까? 주인공의 능력을 바꿔볼까? 배경이 중세시대가 아니라 조선시대면 어떨까? 몬스터 대신 바이러스가 등장한다면?

밋밋한 이야기를 흥미롭게 바꾸기 위해 뭐든지 시도해보자.

❹ 더 많은 독자들에게 재미를 줄 수 있도록 연구하자.

내가 좋아하는 걸 남들도 좋아하면 좋겠지만, 세상일이 그리 간단치 않다. 마이너 취향이라면 더욱 섬세하게 접근해야 한다. 이 소재가 나에게만 재미있는 건 아닌지 끊임없이 의심하자. 더 많은 독자들이 환호하는 포인트를 찾는 것부터 시작하면 좋다.

 Small TALK

쓰고 싶지 않은 걸 억지로 쓰란 말은 아니다. 자기가 좋아하는 걸 쓰되, 독자와 소통할 수 있는 길을 만들어놓아야 한다.

⑤ 나만의 개성을 더할 수 있도록 고민하자.

본능적으로 마이너에 끌리는 작가가 있는 것처럼, 트렌디한 소재에만 빠져드는 작가가 있다. 익숙한 소재를 잡았다면 작가의 개성을 어떤 식으로 표현할 수 있을지 끊임없이 연구해야 한다. 독자들은 트렌드를 선호하는 동시에 지겨워하기 때문이다.

"또 빙의야? 또 환생했네? 얘는 황후고, 얘도 공작이네?"

이런 평을 듣고 싶지 않다면 나만의 차별점으로 승부해야 한다. (그래도 피할 수 없긴 하지만) 소재 단계에서부터 철저하게 준비하는 걸 추천한다.

02

가독성 좋은 문장은
어떻게 써야 하죠?

10분 만에 글 잘 쓰는 8계명

처음 운동을 배울 때 듣는 말이 있다.

"힘 빼고 하세요."

이 말은 글쓰기에서도 똑같이 적용된다.

순문학을 병행하기 때문인지, 가끔 힘을 잔뜩 준 문장을 쓰고 싶을 때가 있다. 한 번 그렇게 쓰기 시작하면 계속 그런 문장을 쓰게 된다. 문장이 과하면 독자도 읽기가 힘이 든다.

웹소설 문장은 술술 잘 읽혀야 한다. 당신이 남성향을 쓰든, 여성향을 쓰든 상관없다. 트렌드 키워드를 쓰든, 마이너 소재를 쓰든 중요하지 않다.

아무리 재미있으면 뭐 하나? 읽히지 않으면 끝인데. 거듭 말하지만, 웹소설 독자는 오래 기다려주지 않는다. 결국 가독성이 제일 중요하다는 이야기다.

필력 쩌는 문장 = 가독성 높은 문장

커뮤니티에 맛집 후기를 올리거나 블로그에 여행기를 올릴 때도 마찬가지다. 트위터나 페이스북에 일상을 끄적일 때도 그렇다. 무조건 잘 읽히게 쓰자.

그리고 대부분의 독자들이 모바일로 접속한다는 것을 꼭 기억할 것! 종이책, 신문, 잡지를 들고 다니던 시절은 사실상 끝났다. 매체가 달라진 만큼 문장도 변해야 한다. 모바일 환경에서 빽빽한 글자는 호흡곤란만 일으킬 뿐이다.

내용이 아무리 흥미로워도 가독성이 떨어지면 소용없다. 느린 문장, 난해한 문장, 지루한 문장은 작품을 포기하게 만든다. 플랫폼마다 차이는 있지만 한 화면에 담기는 문장은 몇 줄 되지 않는다. 몇 줄에 불과한 문장으로 독자를 사로잡으려면 기술이 절대적으로 필요하다!

무조건
짧게 쓰자

짧게 쓰는 것을 빼고 가독성을 말할 수 없다. 수많은 작법서가 짧게 쓰라는 조언으로 시작한다. 웹소설을 쓸 때 단문은 필수다. 왜냐하면 속도감이 중요하니까.

짧게 쓰는 게 쉬울까, 길게 쓰는 게 쉬울까? 얼핏 단문이 쉬울 것 같지만, 신인 작가들은 장문을 더 많이 쓴다. 전달하려는 내용을 압축해서 표현하려면 내공이 필요하기 때문이다.

생각나는 대로 쓰다 보면 문장은 의미 없이 길어진다. 전달하려는 내용이 뭐였는지도 헷갈린다. 경제적이지도 않고, 매력적이지도 않다.

왜 짧게 쓰라는 걸까? 문장이 길어지면 주어가 혼동되기 쉽기 때문이다. 게다가 비문이 생길 확률도 높아지고 독자의 집중력도 분산된다. 독자들은 길고 복잡한 문장을 이해하려고 애쓰지 않는다. 그냥 안 읽는다.

짧게 쓰면 약점이 덜 드러난다. 글의 호흡도 빨라지고, 긴장감도 더해진다. 그러니 짧게 쓰는 것부터 연습하자.

문장 길이로 리듬을 더하자

단문이 좋다지만 단문만 쓰라는 뜻은 절대 아니다. 이것이 가능하지도 않고, 어색하게 토막 낸 단문은 몰입도를 떨어뜨릴 뿐이다. 비문이 아니라는 전제하에 긴 문장을 적절히 배치해야 한다. 단문, 중문, 장문을 조합해 자신만의 리듬을 찾자.

리듬감이 더해져야 읽기 쉬워진다. 리듬은 반복이 아닌, 변화에서 생긴다. 대화체가 읽기 쉽다지만 짧은 말만 주고받거나, 연설처럼 긴 대화가 이어지면 지루해진다. 웹소설에서 지루함은 절대악이다.

복싱하는데 쨉만 치면 너무 뻔하잖아? 스트레이트도 꽂아주고, 훅과 어퍼컷도 적절히 섞어서 공격해야 상대를 몰아붙일 수 있다.

**종결어미에
변화를 주자**

커뮤니티 글을 읽다가 웃음이 터진 적이 있다. 모든 문장의 종결어미가 '…네요.'였기 때문이다.

초심자의 문장을 보면 일정한 패턴이 반복될 때가 많다. '…고, …했다.', '…했지만, …있었다.' 등등.

종결어미를 어떻게 처리할지 고민해본 적 있는가? 모든 문장을 꼭 '다'로 끝낼 필요는 없다. 의문형도 좋고, 접속어나 명사로 끝나도 괜찮다. 그 또한 너무 반복되지 않는다면 말이다.

**대화를 최대한
활용하자**

지문보다 대화를 많이 쓰라는 조언을 많이 들어봤을 것이다. 대화의 활용도는 무궁무진하다. 캐릭터 표현, 배경 묘사, 갈등 고조 등 모든 것을 대화로 처리할 수 있다.

🦢 **Small TALK**

대화의 중요성은 몇 번 강조해도 부족하지 않다. 다 건너뛰고 대화만 골라 읽는 독자도 있다. 대화형 웹소설 플랫폼이 등장할 정도니 말 다 했다.

잘 쓴 대화만으로도 훌륭한 소설을 완성할 수 있다. 나는 지문 5줄이 넘어가면 대화를 넣는 편이다. 작은따옴표 안에 속마음이라도 넣어야 안심된다. 나 역시 지문보다 대화를 읽는 게 더 재미있기 때문에 한 편에서 대화가 최소 50% 이상 되게끔 구성하고 있다.

대화만 읽어도 독자가 내용을 이해하도록 쓰자.

맛깔나는 대화 연구도 필수다. 드라마, 영화, 애니메이션뿐만 아니라 가족, 친구와의 대화도 훌륭한 참고 자료가 될 수 있다. 어떤 말투로 개성을 드러낼까? 허를 찌르는 질문엔 뭐가 있을까? 어떻게 대답해야 신선할까? 쫀쫀한 긴장감을 유지하려면? 끝없이 고민하면서 대화에 활력을 불어넣자.

'설명하지 말고 보여줘라.'

이 말은 작법서에서 흔히 등장한다. 나는 여기서 한 걸음 더 나아가 '보여주지 말고 들려줘라.'라고 덧붙이고 싶다. 매력적인 캐릭터가 직접 말하게 하고, 독자가 그 목소리를 듣게 하자.

필요한 문장만 쓰자

웹소설 문장은 철저히 계산되어야 한다. 문장을 썼다면 반드시 어딘가에 기여하도록 해야 한다. 스토리를 진행하든, 캐릭터를 부각하든, 긴장을 고조시키든.

있어도 그만, 없어도 그만인 문장은 과감하게 삭제하자. 꼭 필요한 문장이라도 늘어지거나 지루해지면 줄이자. 분량을 맞추기 위해 억지로 늘린 문장은 독자들이 귀신같이 알아챈다. 불필요한 문장을 덜어내는 것도 필력이다.

멋 부리지 말자

공들인 화장보다 민낯이 매력적일 때가 있다. 웹소설이 그렇다. 담백하게 잘 읽히는 문장이면 충분하다.

멋들어진 문장을 쓰려고 괜한 머리 쥐어뜯지 말자. 독자는 이야기를 읽고 싶어 한다는 걸 잊어서는 안 된다.

멋 부린 문장은 티가 난다. 억지 감동을 강요하는 문장도 빤히 들여다보인다. 작가의 겉멋? 지적 허영심? 독자가 모를 리 없다. 쉬운 단어가 있는데 억지로 어려운 말을 끼워 넣지 말자. 똑똑해 보이지도 않고, 가독성도 떨어진다.

주의!

연령이 낮은 독자보다 높은 독자가, 남성 독자보다 여성 독자가 아름다운 문장을 선호하는 경향이 있다. 따라서 30대 이상, 여성 독자 대상의 로맨스 작가라면 문장을 좀 더 고민해야 한다.

접속사, 주어를 줄이자

첫 소설을 감평해달라는 부탁을 받은 적이 있다. 감평은 다양한 이유로 사양하고 있지만, 지인 작가의 거듭된 부탁을 거절할 수 없었다.

한 문장에 접속사가 몇 개씩 등장했는데 작가는 자신이 접속사를 많이 쓴다는 것도 모르고 있었다. 접속사만 줄여도 문장이 날렵해진다. 주어를 무조건 써야 한다는 강박에서도 벗어나길.

접속사, 주어 없이도 독자들이 이야기를 이해하는 데 별문제가 없다. 독자들을 믿자. 독자들은 작가 예상보다 훨씬 똑똑하다. 뭐든 지나치면 안 좋은 법이다. 어색해지지 않는 선에서 적절히 덜어내는 걸 추천한다.

🦅 Small TALK

나는 웬만하면 접속사를 쓰지 않는데, 가끔 민망할 때가 있다. 접속사가 다양하게 추가된 교정고를 받았을 때 특히 그렇다.

신뢰도를 높이자

오타와 비문, 동어 반복은 작가와 작품에 대한 신뢰도를 떨어뜨린다.

일본 애니메이션 풍의 번역체, 감탄사 남발도 독자의 몰입을 방해한다. 일부 독자만 열광하는 문장이 아닌 대다수 독자에게

통하는 문장을 쓰자.

'작가라는 사람이 맞춤법도 몰라? 기본도 안 돼 있네!' 이런 평가는 받지 말자. 오타는 기성 작가에게도 참 어려운 문제다. 작가와 에디터가 눈에 불을 켜고 잡아내도 출간하면 떡하니 모습을 드러낸다. 맞춤법은 탄탄하게 익혀야 작가와 작품의 품격을 높일 수 있다.

나는 '나라인포테크' 맞춤법 검사 프로그램을 구매해서 사용 중인데, 한글 2018 이상 버전에는 기본 탑재되어 있다. 취업 사이트에서 제공하는 맞춤법 검사기를 사용하는 작가도 있고, 평가가 좋은 맞춤법 검사 앱도 많으므로 잘 활용해보자. 물론 거기에만 의존해서는 안 된다.

03

시놉시스, 너무 막막해요!

돈길 꽃길로 안내해줄 시놉시스의 모든 것

투고 준비 중이라면 시놉시스는 필수다. 시놉시스를 요구하는 공모전도 많다.

"시놉시스가 왜 필요해? 작품만 재미있으면 장땡이잖아?"

당신이 공모전 주최사나 출판사 에디터라고 생각해보자. 장마철 장대비처럼 쏟아지는 원고 틈에서 단 하나의 대박작을 찾아야 한다. 초반은 찰지지만, 중후반으로 갈수록 힘 빠지는 작품도 수두룩하다. 캐릭터가 붕괴되거나, 사회적으로 첨예한 논쟁거리가 불쑥 등장하기도 한다. 계약은 모험이 아니다. 원고가 아무리 훌륭하다고 해도 계약엔 신중할 수밖에 없다.

"이거 완전 물건인데? 캐릭터, 설정, 소재, 뭐 하나 빠지는 게 없어. 줄거리도 완결까지 쫀쫀하고!"

잘 빠진 시놉시스는 작품의 기대치를 상승시킨다. 하지만 엉성한 시놉시스는 작품에 대한 흥미를 잃게 만든다.

시놉시스는 내 작품의 요약본이자, 유혹의 손짓이다. 형식보다 매력 어필이 중요하다. 작품의 장점을 극대화해서 심사위원과 에디터를 설득시켜야 한다.

공모전이나 출판사에서 요구하는 시놉시스는 비슷비슷하다. 분량은 보통 3~5장 안팎으로 작성한다. 몇 장 이상, 혹은 몇 장 이하로 쓰라고 명시한 곳도 있으니 꼼꼼하게 확인하자.

작가를 위해서도 시놉시스는 필요하다. 소설을 어떻게 시작해야 할지 모르겠다면 일단 시놉시스부터 만들자. 당신이 어떤 소설을 쓰고 싶은지 감이 올 것이다. 주인공이 얼마나 매력적인지, 어떤 스토리로 독자들을 홀릴 것인지, 이 작품의 특징과 장점은 무엇인지, 시놉시스를 작성하며 알차게 준비해보자.

그렇다고 처음부터 완벽한 시놉시스를 쓰겠다는 욕심은 버려라! 몇 달째 시놉시스만 다듬고, 본문은 한 줄도 쓰지 못하는 신인 작가 여럿 봤다. 운동화 사고, PT까지 끊었는데 헬스장 근처에는 얼씬도 하지 않는 다이어터 같다.

시놉시스는 어디까지나 시놉시스일 뿐이다. 작품을 꼭 시놉시스에 맞춰 쓸 필요는 없다. 소설은 술술 써지는데 시놉시스는 막막하다는 작가도 정말 많이 봤다.

뭘 써야 하는지, 얼마나 써야 하는지 하나도 모르겠다고? 걱정하지 마시라. 시놉시스의 모든 것을 낱낱이 파헤쳐 볼 테니까!

제목

제목이 작품의 흥망성쇠를 좌우한다고 해도 과언이 아니다. 필명은 아무거나 골라잡아도 상관없지만, 제목은 고민, 또 고민해야 한다. 제목만 보고 읽을지 말지 결정하는 독자가 많기 때문이다.

시놉시스를 검토하는 에디터나 심사위원도 화끈한 제목, 끌리는 제목, 인상적인 제목을 원한다. 직접적이고, 낯간지러운 제목을 생각해내자! 가끔 어그로를 끌 줄도 알아야 한다.

Small TALK

내용은 그대로인데 제목만 바꿔서 인기 끄는 작품도 있다. 제목이 이렇게나 중요하다!

웹소설 제목 짓는 법

1. 장르에 맞게 짓자.

2. 흥미를 유발하자.

3. 작품을 압축해서 드러내자.

4. 트렌드를 녹여내자.

5. 번역 투의 제목이나 너무 긴 제목은 피하자.

장르

장르는 선명하고 명료해야 한다. 남성향인지 여성향인지, 로맨스인지 로맨스 판타지인지 확실히 정하자.

장르를 정하는 것 = 독자를 정하는 것

장르가 모호하다는 것은 타깃 독자가 불분명하다는 말과 같다. 작품이 성공하길 바란다면 반드시 독자를 연구해야 한다. 작가를 위한 소설이 아니라 독자를 위한 소설을 쓰자. 그래야 뜰 수 있다.

> **주의!**
>
> 등장인물, 줄거리, 심지어 제목까지 바꿀 수 있지만, 장르는 바꿀 수 없다. 뒤집어엎고 다시 쓰기 전까지.

글쓴이

필명과 본명을 동시에 써도 되고, 필명만 써도 된다.

분량

완결된 원고라면 완결 분량을 적고, 미완결이라면 예상 완결 분량을 적는다. 예상 완결편 수와 글자 수를 동시에 적기도 한다. 다소 늘어나는 건 상관없지만, 분량이 팍 줄면 안 된다.

Small TALK

웹소설 분량은 원고지가 아닌 글자 수로 계산한다. **예** 120편 공백 포함 60만 자 이상

연재처/선호작

무료 연재를 했던 작품이라면 플랫폼과 선호작 수를 밝힌다. 없으면 안 적어도 된다.

예 조아라/선작 10,000

출간 이력   출간 경력이 있다면 간략히 적자. 종이책 출판이나 정식 연재 경력을 써도 좋다. 카카오페이지 '기다리면무료' 같은 프로모션 경력을 써도 된다.

기획 의도   어느 부분에 중점을 두고 작품을 기획했는지, 목표가 무엇인지 적으면 된다. 기획 의도에서 심사위원과 에디터를 솔깃하게 만들어야 한다. 내 작품이 왜 잘났는지, 어떤 점이 다른 작품과 차별화되는지 덧붙여도 좋다.

> **예** 네이버 공모전용 『같이 목욕해요, 공작님』의 기획 의도
>
> 네이버는 명실상부한 웹소설 최강자다. 하지만 안타깝게도 로맨스 판타지 독자들은 '샛노란' 플랫폼에 몰려있다. 어떻게 하면 노랗게 물든 독자를 끌어오면서 네이버 독자들을 만족시킬 수 있을까?
>
> 『같이 목욕해요, 공작님』은 이러한 의문에서 시작한 작품이다. 잘 읽히는 건 당연하고, 전개도 빨라야 한다. 네이버 웹소설의 핵심인 '로맨스' 비중도 절대 놓쳐서는 안 된다.
>
> 『같이 목욕해요, 공작님』의 남녀 주인공은 같이 목욕할 수밖에 없는 특별한 상황에서 아슬아슬한 로맨스 씨앗을 뿌리고, 발랄하게 유종의 미를 거둔다.
>
> 성장형 사이다 여주는 독자의 니즈를 충족시킨다. 남주의 집착과 짜릿한 복수, 조연들의 여주 부둥부둥도 관전 포인트다.
>
> 눈에 보일 듯 생생한 장면 연출과 톡톡 터지는 유머, 개성 만점 캐릭터들의 케미스트리는 웹툰화에 적합하다.

"어떤 작품인가?" 혹은 "무엇에 대한 이야기인가?"라는 질문에 대답하는 부분이다. 로그라인과 비슷한 개념이지만 좀 더 자세하게 적어야 한다.

주인공, 주요 설정, 주요 사건, 목표 등을 넣어 흥미롭게 작성하자. 어떤 톤으로 진행되는지도 알려주는 것이 좋다. 제목이 미끼라면 작품 소개는 낚싯바늘이다. 독자가 빠져나가지 않도록 매력적으로 잡아챌 수 있어야 한다.

무료 연재에도 작품 소개가 매우×100 중요하다. 독자의 선택은 '제목 + 작품 소개'에 달렸다고 해도 과언이 아니다. 심사위원과 에디터도 작품 소개를 주의 깊게 본다. 여러 버전으로 써보고 가장 매혹적인 작품 소개를 골라보자!

예 카카오페이지 '기다리면무료'의 『완결 후 에반젤린』 작품 소개

천사 같은 미모만 믿고 설치다가 사형당하는 조연, 에반젤린에 빙의한 작가. 지긋지긋한 노예 생활을 청산하고 여주인공 대신 공작 가문에 입성한다!

지나치게 잘생긴 서브남과, 에반젤린 덕후가 된 공작과 함께 귀족 영애 라이프를 즐기려는데… 어리숙한 신이 나타나 선물을 주겠단다.

"세계 창조할 때 작가님 소설 베꼈어요. 사과의 뜻으로 초능력 드릴게요. 뭐든지 고르세요!"

먼치킨급 연금술에, 공작 가문의 보물에, 황녀도 발라버리는 말빨에, 출생의 비밀까지? 신의 몰빵은 끝날 줄을 모른다.

예쁜 것 빼면 별 볼 일 없던 에반젤린의 화려한 변신. 노예이자 조연이었던 에반젤린은 어디까지 올라갈 수 있을까?

미모, 두뇌, 초능력. 뭐 하나 빠지는 데 없는 에반젤린과 치명적인 짐승남 카이델의 고구마 축출 프로젝트!

Small TALK

'먼치킨'이란, 혼자서 모든 위기를 해결할 수 있을 정도로 강력한 캐릭터를 말한다.

키워드

공모전, 투고 시놉시스에서는 항상 키워드를 요구한다. 작품 키워드만 봐도 장르, 주요 소재와 주인공의 특징을 알 수 있기 때문이다.

'#책빙의, #악녀, #사이다녀, #폭군, #집착남, #로맨스코미디' 가 키워드라면 어떤 소설인지 대충 짐작할 수 있다. '#레이드, #헌터, #생존, #게임시스템, #먼치킨'일 때도 마찬가지다.

웹소설은 트렌드에 민감하다. 독자들은 익숙한 것을 좋아하고, 출판사는 잘 팔릴 작품을 원한다. 내 작품이 시대에 뒤처지지 않도록 촉각을 곤두세워야 한다. 한물가버린 키워드, 단물 다 빠진 키워드를 가져오면 곤란하다.

너무 뻔한 키워드 역시 위험하다. 인기 소재는 끊임없이 변화한다. 유행이 지나기 전에 올라타든지, 유행을 선도할 작품을 써야 한다.

내 작품은 마이너라고? 중심 소재가 마이너라도 키워드에는 메이저, 트렌드를 섞어보자.

키워드를 어떻게 뽑아야 할지 모르겠다면 리디북스 '키워드로 검색하기'를 참고하자. 장르, 소재, 분위기, 주인공의 특성까지 자유롭게 고를 수 있다.

▲ 리디북스 '키워드로 검색하기'

매력적인 캐릭터 없이 성공하는 웹소설이 있을까?

독자는 스토리와 캐릭터에 열광한다. 스토리를 이끄는 주인공은 강렬한 개성을 가지고 있어야 한다. 또 독자가 감정을 이입할 수 있는 인물이어야 한다.

시놉시스에 너무 많은 캐릭터를 소개할 필요는 없다. 외모묘사하고, 과거사 설명하느라 지면을 낭비하지도 말자. 캐릭터가 가진 고유한 성격, 특징, 목표, 지향점에 대해 집중하는 것이좋다. 그가 어떤 삶의 태도를 지녔는지, 소설 속에서 어떻게 변화하는지 귀띔하는 것도 괜찮다.

어디서 본 것 같은 뻔한 인물은 피하자. 꼭 써야 한다면 반전매력을 추가할 것!

주의!

독자들은 민폐 끼치는 주인공을 싫어한다. 고구마 남발하는 우유부
단한 성격도 질색한다. 주인공에 심혈을 기울이다 보면 악역에 소
홀해지기 쉽다. 영혼도 없고, 사연도 없는 쓰레기 악역은 흥미롭지
않다. 악역에게도 개연성과 개성이 필요하다.

줄거리

4단 구성(기 – 승 – 전 – 결)이나 5단 구성(발단 – 갈등 – 위
기 – 절정 – 결말)으로 자유롭게 적으면 된다.

무조건 완결까지 적는 것이 시놉시스의 규칙이다! 클라이맥
스를 미리 알면 재미없는데? 그런 걱정은 제발 붙들어 매시라.
시놉시스를 읽는 건 독자가 아니다.

심사위원과 에디터에게 반전 매력을 숨기면 안 된다. 내 소
설에서 제일 재미있는 스토리는 시놉시스에 몽땅 다 나와야 한
다. 공모전 & 투고용 시놉시스라면 회차별 플롯이나 세세한 에
피소드는 적을 필요 없다. 주인공이 궁극적 목표를 달성하는
메인 플롯에 집중하자.

버려진 시놉시스가 되지 않으려면 줄거리부터 흥미로워야
한다. 미끼를 던지고, 반전을 때리고, 갈등을 고조시키자. 주인
공은 이겨낼 수 없을 것만 같은 고난을 이겨내고, 가슴 벅찬 승
리를 쟁취해야 한다. 로맨스라면 수많은 역경을 헤치고 사랑을
이뤄내야 한다.

그래도 잘 모르겠다고? 드라마, 영화 시놉시스를 참고하는
것도 좋다. 제작자 눈에 들기 위한 작가들의 피땀 어린 노력이

그대로 녹아있다. 물론 웹소설과 시나리오는 분명히 다르다는 걸 기억해야 한다.

보통 시놉시스를 나침반이나 설계도, 내비게이션에 비유한다. 무작정 미지의 세계를 탐험하겠는가, 나침반과 지도부터 챙기겠는가? 내 손으로 만든 지도가 보물상자 앞으로 데려다줄지도 모른다. 잘 빠진 시놉시스로 자신감을 충전하자!

시놉시스

작품명	꿈꾸듯 달 보듬듯	장르	로맨스 판타지
필명	정무늬	분량	120화, 65만 자
키워드	빙의 / 타임슬립 / 팩션 / 조선시대 / 궁중로맨스 / 능력녀 / 사이다녀 / 구원녀 / 상처남 / 직진남 / 폭군 / 운명적 사랑 / 서브남이 염라대왕 / 발랄 / 사이다 지향		

작품소개

귀신과 살며, 귀신과 대화하는 뮤지컬 배우 지망생 장그린.
무대공포증 탓에 단역조차 맡지 못하는 그녀는 연산군이 마지막으로 사용했다는 우물에 빠져 죽는다. 소꿉친구이자 염라대왕인 야마의 도움으로 되살아나지만, 정신을 차린 곳은 1502년 조선!

미래의 연산군, 이융이 그린을 구해준다. 융은 심장에 해로울 만큼 아름다울 뿐, 역사 속 폭군과는 전혀 다른 남자였다.

도대체 그에게 무슨 비밀이 있는 걸까? 멀쩡한 임금이 왜 미쳐버린 거지?
뮤지컬을 준비하며 달달 외운 『연산군일기』 덕분에 그린은 미래를 읽는 무당으로 오해받고, 융은 강압적으로 명령을 하는데….

"내게 붙은 악귀를 쫓아다오."
"도와드리고 싶지만, 전 평범한 여자예요."
"너는 머리끝부터 발끝까지 특별하다. 임금 앞에서 꼬박꼬박 말대답할 수 있는 아녀자가 조선땅 어디에 있겠느냐?"
"못한다니까요!"
"어명이다. 받들라!"

고집불통인 융에게는 말 못할 비밀이 있다. 한 나라의 군주가 매일 밤 악귀에 시달린다고 어찌 고백할 수 있을까? 매일 밤 융은 궁인들을 30보 밖으로 물리고, 악귀와 홀로 싸운다. 지금까지 버틸 수 있었던 것은 꿈속의 여인 덕분이다.

"이제야 만난 널 어찌 놓아주겠느냐? 너만 곁에 둘 수 있다면 무엇이든 될 것이다. 그것이 악귀든, 폭군이든."

꿈과 시공을 넘나드는 운명적 사랑, 미래의 연산군과 새로운 장녹수가 만들어가는 달콤발랄한 역사 바꾸기 프로젝트!

기획의도	여러 성공사례에서 보듯 로맨스 사극은 드라마, 웹툰 등 무한한 발전 가능성을 지닌 장르이다. 『꿈꾸듯 달 보듬듯』은 역사적 사실을 바탕으로 빙의, 타임슬립 등 트렌디한 상상력을 더한 로맨스 판타지 사극이다. 주인공은 조선 최악의 폭군 연산군과 요부 장녹수이지만, 수많은 작품에서 재탕된 뻔하디뻔한 캐릭터가 아니다. 한 번도 보지 못했던 신선한 연산군과 발랄한 장녹수가 현실과 환상을 넘나들며 스토리를 이끌어간다. 한 사람의 변화가 역사를 바꾼다. 변화의 시작엔 운명적 사랑이 있다. 『꿈꾸듯 달 보듬듯』은 그 놀라운 사랑과 도전을 보여주고자 한다. 배경은 갑자사화 2년 전 조선이지만, 지금 우리 시대의 정치, 권력, 사랑과 거의 비슷하다. 독자는 운명에 도전하는 주인공과 함께 조선의 킹메이커가 된다.
등장인물	**• 장그린(장녹수), 25세, 여성** 동안 외모에 뛰어난 실력까지 겸비한 뮤지컬배우 지망생. 스타가 되기에 충분한 스펙이지만, 무대 공포증 탓에 오디션조차 보지 못하고 있다. 무당의 딸로 태어났으나, 100년에 한 명 나온다는 탁혼(濁魂 탁한 영혼 : 악귀를 부리고, 신을 쫓는다)을 이유로 어머니에게 버림받고 할머니 손에 키워졌다. 하지만 사실은 300년에 한 명 태어난다는 명혼(明魂 맑은 영혼 : 악귀를 쫓고, 신을 부린다)을 지니고 있다. 귀신을 본다는 이유로 손가락질당하기 일쑤지만, 탁월한 친화력과 커뮤니케이션 능력으로 당차게 살아간다. 어떤 상황에서도 할 말은 똑 부러지게 하는 긍정주의자이다. 조선으로 타임슬립한 그린은 미래의 연산군 이융을 만난다. 꿈에서 찾아왔던 남자와 너무나 닮은 융. 융은 자신에게 붙은 악령을 퇴치해달라고 한다. 과연 그린은 악령을 퇴치하고 폐주 연산을 성군으로 만들 수 있을까? 정말 융은 꿈속의 그 남자일까? "연산군이 원래 폭군이 아니었다면? 악귀 때문에 미쳐서 그런 거였다면? 그 악귀를 쫓으면 어떻게 되는 거야?" **• 이융(연산군), 27세, 남성** 조선왕조 최고 미남으로 손꼽히는 즉위 8년 차 젊은 왕. 뛰어난 활 솜씨와 지식을 겸비한 완벽남이다. 조선에 몇 안 되는 적자 계승 임금으로, 이해나 배려 따위엔 관심조차 없다. '내 말이 곧 법이니 까라면 까라.' 식의 오만한 불통왕. 그린의 조교를 통해 점차 소통하는 법을 배워간다. 그에게는 말 못할 비밀이 있다. 한 나라의 군주가 매일 밤 악귀에 시달린다고 어찌 고백할 수 있을까? 매일 밤 융은 궁인들을 30보 밖으로 물리고, 살육을 충동질하는 악귀와 홀로 싸운다. 지금까지 버틸 수 있었던 것은 꿈속의 여인 덕분이다. 미지의 여인을 수소문하느라 '임금이 예쁜 기생을 찾기 위해 전국에 관리를 풀었다.'는 오명을 얻게 된다. 그린을 꿈속의 여인이라 확신하고 그녀를 소유하고자 한다.

"이제야 겨우 만났는데 과인이 어찌 널 놓아주겠느냐? 너만 곁에 둘 수 있다면 무엇이든 될 것이다. 그것이 악귀든, 폭군이든."

• 야마(염라대왕), 나이 미상, 남성

산스크리스트 어로 야마(Yama), 번역하자면 염라(閻邏). 명계 10명의 시왕 중 하나로, 300년 차 젊은 염라대왕이다. 업경을 통해 인간의 일생을 볼 수 있고, 차가운 바람을 다루는 신통력을 가지고 있다. 그린을 살리기 위해 명계의 법도를 어기고 신통력을 잃는다.

그는 스킨십을 좋아하고, 장난스러우며, 솔직 단순하지만, 가끔 진지해지면서 반전 매력을 선보인다. 그린은 300년 만에 환생한 야마의 선생 연인이다. 전생처럼 그녀를 잃을 수 없었던 그린의 명혼을 탁혼으로 위장시키고 곁에서 보살핀다. 그 탓에 그린이 괴로움을 당하자 죄책감에 시달린다. 하지만 진실을 말할 용기는 없다.

타임슬립 후 윤사현에게 빙의해서 육체와 의식을 공유한다. 300년 만에 사랑하는 여인을 직접 만질 수 있게 된 야마는 점점 윤사현의 몸에 욕심을 낸다. 그런 야마에게 잘 생긴 임금이 좋게 보일 리 없다. 잃어버린 신통력을 되찾아 융을 그린에게서 떼어낼 심산이다.

"그 악귀, 내가 쫓아주겠다. 건방진 왕놈이 나의 그린에게 찝쩍거리지 못하도록!"

등장인물

• 윤사현, 25세, 남성

야마가 빙의한 촉망받는 꽃선비. 종7품 승정원 주서로 재직 중이다. 상단 몽월단과 기방 몽화당을 운영하는 갑부 아버지와 조선 최고의 무녀(巫女) 어머니 사이에서 태어났다. 큰 키와 매력적인 외모가 야마와 쌍둥이처럼 닮았다. 하지만 성품은 야마와 정반대로 고지식하고 예의 바르며 항상 올곧다. 지독한 빙의 체질을 타고났다.

머리에 강한 충격을 받으면 야마와 인격이 바뀐다. 자신의 몸을 빼앗은 야마를 원망하지 않는다. 처음엔 야마의 감정 때문이라 믿었지만, 진심으로 그린을 사모하는 자신을 발견하고 괴로워한다.

• 왕규, 28세, 여성

고려 왕족의 마지막 핏줄이자, 기밀 결사 팔관회*의 회주. 악귀를 다루는 귀자득활술(鬼字得活術)의 전승자이며 탁혼의 주인이다. 중후한 노인을 대역으로 내세우나, 실체는 아름다운 여성이다. 의녀라는 가짜 신분으로 후궁이 된 그린에게 접근한다.

악귀를 이용해 융의 꿈에는 그린의 모습으로, 그린의 꿈에는 융의 모습으로 나타나 둘이 사랑에 빠지도록 건드린다. 그것도 모르고 서로를 운명이라 믿는 두 사람을 비웃는다. 그린을 조선으로 끌어들인 장본인으로, 저주를 완성하기 위해서 그린의 명혼을 이용하려 든다.

등장인물	고려 왕족의 피를 가졌으나 노비보다 거친 삶을 살았던 그녀는 이씨왕조를 증오하기 때문에 간신들과 영합하여 역모를 꾀하고, 융을 폭군으로 만들려 한다. * 팔관회는 삼국시대부터 시작되어 고려 때 국가 행사로 치러진 토속 종교의식을 말한다. 천령(天靈), 오악(五惡), 명산(名山), 대천(大川), 용신(龍神) 등 다섯 신물이 있다.

• 기

〈뮤지컬 연산〉의 스태프로 일하던 그린은 연산군 유배지에서 연산군이 마지막으로 사용했다는 우물에 빠져 죽는다. 염라대왕 야마의 도움으로 되살아나지만, 정신을 차린 곳은 1502년 조선이다. 미래의 연산군, 이융이 그린을 구해준다. 달달 외웠던 『연산군일기』 덕분에 그린은 미래를 읽는 무당으로 오해받는다. 융은 그린에게 악귀를 쫓아달라고 명령한다.

융은 그린이 꿈속의 여인이라 확신한다. 융과 같은 꿈을 꾸었던 그린도 그에게 끌린다. 융에게 마음을 빼앗긴 그린은 그를 위해 역사를 바꾸기로 결심한다. 사현에게 빙의한 야마는 이번에야말로 그린의 사랑을 얻기로 한다. 융을 살리려는 그린과 융을 쫓아내려는 야마는 의기투합하여 팔관회의 다섯 신물을 찾기로 한다. 신물을 통해 야마의 신통력을 되찾으면 악귀도 쫓을 수 있기 때문이다. 융을 미치광이로 만들어 폐위시키려는 왕규와 간신들의 역모가 진행된다.

• 승

당장 입궐시키려는 융을 피해 그린은 잠시 기녀가 된다. 융의 도움으로 무대 공포증을 고친 그린. 첫 번째 신물을 위해 기녀 경연을 연다. 그 과정에서 그린은 지혜와 실력을 뽐낸다. 융이 그린에게 '녹수'라는 새 이름을 붙여준다. 그린은 기녀 경연에서 장원을 차지한다.

두 번째 신물을 찾아 그린과 야마는 몽화당을 떠난다. 융은 온양행궁을 간 것처럼 꾸며 함께 여행한다. 그린은 명혼의 힘을 빌려 두 번째, 세 번째 신물을 찾는다. 그제야 자신이 탁혼이 아닌 명혼을 타고났다는 걸 알게 된 그린. 야마는 그린이 꿈에 나타난 남자가 융이 아님을, 융이 꿈에서 본 것도 그린이 아님을 알게 하지만, 그린은 믿어주지 않는다. 그린은 야마와 멀어지기 위해 융을 따라 입궐한다.

• 전

숙원 장녹수가 된 그린. 연산군의 폭정을 떠올리며 융이 연산군과 반대로 성정을 펼칠 수 있도록 돕는다(한글 장려, 경연 주최, 사냥터 폐지 등). 네 번째 신물을 찾도록 도와준 어의녀와 가까워지지만, 어의녀의 정체가 왕규라는 걸 알고 충격에 빠진다. 자신이 꿈에서 봤던 남자 역시 융이 아니라 왕규가 부린 귀신이었다는 걸 알게 된다.

왕규는 그린을 이용해 신물을 모으고, 조선을 멸망시키는 주술을 완성시키려고 한다. 그린은 왕규가 자신을 조선으로 불러들였으며, 그녀의 저주와 자신이 연결되었음을 깨닫는다. 왕규는 그린을 통해 융에게 더 강한 저주를 걸 수 있었던 것. 왕규의 꼭두각시가 되어 자신이 융을 괴롭혔다는 걸 알게 된 그린이 몰래 떠난다.

· 결

융과 그린을 찾아내고 사랑을 확인한 둘은 운명에 도전하기로 한다. 하지만 악귀의 힘이 강해져 융이 감당하지 못할 지경에 다다른다. 봉천군은 융 대신 저주를 받아낼 제물이 있다면 그를 살릴 수 있다고 한다. 제물은 명혼을 가진 그린만 가능하다.

그린은 왕규가 융을 놓아주지 않으리라는 걸 알고 몰래 제물이 되려 한다. 그린이 목숨을 내놓기 직전, 중전 신 씨가 대신 제물이 된다. 융은 왕규의 저주에서 벗어나지만, 죄책감을 이기지 못한다. 그린은 임신 사실을 알리고 왕으로서 본분을 잊지 말라고 융을 다그친다. 융은 그린과 함께 팔관회 일당, 간신들을 처단한다.

신 씨의 유서를 통해 마지막 신물을 찾는다. 그린은 제 몸을 그릇 삼아 다섯 신물을 사용한다. 신통력을 되찾은 야마가 염라대왕으로 돌아간다. 왕규는 자신이 부리던 악귀 탓에 죽고, 사현도 제 몸을 찾는다. 야마는 업경으로 그린과 융의 일생을 살펴본다. 중전이 된 그린과 성군이 된 융이 새로운 조선에서 태평성세를 이룩한다.

04

손이 너무 느린데
빨리 쓰는 방법 있나요?

하루 1만 자 스피드업 필살 스킬

당신이 프로 작가를 꿈꾼다면 빨리 써야 한다. 돈을 만지고 싶다면 '장편'을 '빨리' 써야 한다.

작품의 완성도도 중요하지만, '완성도 있는 글을 얼마나 빨리 쓰느냐'도 매우 중요하다. 대박작은 예외지만, 1년에 100화짜리 장편 한 종 출간한 작가와 300편짜리 두 종 낸 작가의 월 수익은 다를 수밖에 없다. 하루에 한 편 써서 월 1,000만 원 수익을 올리는 작가라면, 하루에 두 편 쓰면 월 2,000만 원을 벌 수도 있다는 얘기다.

물론 장편을 꾸준히 창작할 수 있는 작가는 드물다. 매번 대박 치는 작가도 드물다. 중박, 소박이라도 출간 종수가 많으면 두둑한 인세를 챙길 수 있다. 어떤 작품이 언제 뜰지 누가 알까? 로또에 당첨되려면 복권을 한 장 사는 것보다 세 장 사는 것이 훨씬 유리하다.

빨리 쓰는 작가의 장점

• 비축분을 쉽게 쌓는다. 연참도 자주 한다.

• 망해도 멘탈 손상이 적다. 얼른 신작 쓰면 되니까.

• 트렌드에 올라타기 쉽다.

• 여러 종을 깔고 인세 받는다.

느린 작가의 단점

• 연참 한 번 하고 나면 비축분은 끝이다.

• 한 작품에 연연한다. 망하면 끝이라고 자신을 몰아붙인다.

• 시작할 땐 트렌드였지만 출간 때 보면 유행이 지났다.

• 종수를 늘리기 어렵다. 다양한 출판사를 겪어보는 것도 힘들다.

안타깝지만 손이 느리다는 건 웹소설 작가에게 큰 단점이다. 반대로 말하면, 손이 빠르다는 건 엄청난 장점이다. 누구나 한 번쯤 들어본 대박작 없이, 매년 억대 수익을 올리는 작가가 있다. 일정한 퀄리티의 작품을 꾸준히 여러 종 출간한 작가가 그 주인공이다. 나도 처음엔 글 쓰는 속도가 엄청 느렸다. 순문학 쓰던 시절의 버릇 때문이었다. 원고지 80매짜리 단편을 한 달 만에 완성하면 대만족이었으니까 말 다 했지. 데뷔작 『세자빈의 발칙한 비밀』을 썼을 땐 이틀에 5,000자를 겨우 썼다. 수정에는 꼬박 하루가 더 걸렸다.

이대로는 안 될 것 같아서 빨리 쓰는 스킬을 연구했다. 하루에 5,000자를 썼을 땐 뛸 듯이 기뻤다. 거기서 만족하지 않고 1만 자, 때로는 15,000자까지 썼다. 손 빠른 작가에겐 가소로워 보이겠지만 나로서는 눈부신 발전이었다.

지금은 5,000자를 쓰는 데 빠르면 70분, 보통 90분 내외의 시간이 소요된다. 편당 30분 정도 수정하니까 대략 2시간이면 1편이 완성된다. 이렇게 하루 2턴 작업한다. 총 작업 시간 5시간. 목표는 2편 완성!

나머지 시간은 책 읽고, 운동하고, 친구 만나고, 술 마신다. (작품활동을 위한 충전이라고 하자.) 출·퇴근도 하지 않고 하루 5시간 일하는데, 여느 직장인만큼 번다. 피곤하거나 아파서 쉬는 날 전부 빼고도.

Small TALK

더 많이 쓸 수 있는데, 스트레스도 심하고 몸도 아파서 그만두었다. 몇 년 해보니까 오버하지 말고 내게 맞는 루틴을 지키는 편이 더 경제적이라는 사실을 깨달았다.

무슨 수로 그렇게 빨리 쓰는 거야? 누군가 물을 때마다 이렇게 대답한다.

"머리로 쓰지 말고 몸으로 밀어내면 돼."

그게 가능할까? 초고 쓰기 스킬만 익히면 가능하다. 자, 그러면 핵심 스킬부터 정리하겠다.

뚜렷한 목표 → 고도의 집중 → 돌아보지 않고 쏟아내기

수정하는 방법은 뒤에서 따로 자세히 다루겠다. 일단 초고부터 빨리 써보자.

오늘의 목표 정하기

목적지를 모른 채 달리는 택시는 없다. 빨리 도달하려면 목표가 선명해야 한다. 그래야 지름길을 찾을 것 아닌가? 지름길을 발견했다면 한눈팔면 안 된다. 도착할 때까지 앞만 보고 내달리는 거다.

"3시간 동안 한 편 완성해야지. 다 쓰기 전까지 일어나지 않을 거야!"

무리하지 않는 선에서 약간 빠듯하게 목표를 정하자. 목표가 없으면 쓰는 만큼만 쓰게 된다. 어느 정도 썼다 싶으면 그만두기도 쉽다. 많은 작가가 조언한다. 작업 시작하면 무조건 5,000자를 쓰라고. 그게 습관이 되어야 한다. 몇 시간이 걸리든 앉은 자리에서 한 편을 쓸 수 있도록 연습하자.

대략적인 플롯 짜기

분량에 대한 목표를 세웠다면, 내용에 대한 목표를 세울 차례다. 플롯을 짤 시간이다.

타 장르의 글쓰기를 할 때도 마찬가지다. 한 편에 어떤 이야기를 담을 건지 세부 계획을 세워야 한다. 떠오르는 대로 쓰는 것이 아니라 계획에 맞춰 쓰자.

"이번 편에서는 몬스터를 피해 도망치던 주인공이 의문의 여성을 만나서 사기당하는 부분까지 써야지!"

대략적인 줄거리를 잡았다면 세부 구성을 짜보자. 씬은 얼마나 나눌 건지, 한 씬에 분량을 얼마나 배분할 건지. 톤은 어떻게 진행하고, 어느 장면에서 악센트를 줄 건지.

플롯을 세세하게 짜는 걸 좋아하는 작가도 있고, 플롯은 헐렁한 대신 임기응변에 능한 작가도 있다. 자신에게 맞는 방법을 찾으면 된다. 어쨌든 이번 편에서 어떤 이야기를 쓸 건지 정하고 시작하자!

수정하지 말고 쏟아내기

초고 빨리 쓰기의 핵심은 이것이다.

뒤돌아보지 말고 손이 움직이는 대로 쏟아내는 것!

내 머릿속에 떠오르는 문장을 그대로 받아적어 보자. 사실 이 스킬만 익히면 충분하다. 다른 스킬은 보완책 정도로 생각해도 된다.

생각하는 속도 = 타이핑 속도

머릿속에서 문장을 떠올리는 속도와 내 손의 타이핑 속도가 일치하면 금상첨화다.

"맞춤법 틀린 거 아닐까? 이 대화가 어울릴까? 설정에 어긋난 것 같은데?" 이런 고민은 잠시 접어두고 생각나는 대로 쓰는 연습을 해야 한다. 국어사전, 시놉시스도 확인하지 말고 일단 쓰는 거다. 수정은 내일의 나, 혹은 몇 시간 뒤의 나에게 맡기고 빨리 쓰는 것에만 집중하자.

완성도가 떨어질 것 같은가? 좀 구려도 상관없다. 어차피 수정할 거니까.

'초고 쓰는 뇌'와 '수정하는 뇌'를 분리시켜라. 습관을 붙이면 빨리 쓰고 싶지 않아도 저절로 속도가 빨라진다. 글 쓰는 속도가 느린 작가들에겐 공통점이 있다.

"첫 문장 쓰고 두 번째 문장 쓰기 전에 다시 첫 문장을 읽죠. 단어 몇 개만으로도 느낌이 완전히 달라지잖아요? 읽고, 수정하고, 읽고, 수정하고… 제가 좀 완벽주의거든요."

처음부터 완벽한 초고가 어디 있을까? 만약에 있다 한들, 완성하지 못하면 아무 소용없다. 쓴 문장을 돌아보느라 시간을 허비하면 앞으로 나아갈 수 없다. 기억하시라. 지금 당신이 쓰는 건 초고다! 완성도 올리고, 디테일 살리고, 매력 더하는 건 수정 때 하자!

스톱워치 활용하기

컴퓨터 앞에 앉는 순간부터 집중하는가? 이 나라가 어떻게 굴러가고 있는지 뉴스도 봐야 하고, 연예계 소식도 확인해야 하는데? 떨어진 화장지랑 쌀도 사야 하고, 커뮤니티 새 글도 빠짐없이 읽고… 그리고 난 뒤에야 작업하는 당신에게 스톱워치 사용을 추천한다.

스톱워치를 누르는 순간 딴짓을 멈추고 바로 작업에 돌입하는 습관을 들이자. 집중력을 높이는 데 스톱워치는 꽤 훌륭한 도구다.

목표를 얼마만큼 달성했는지 확인할 때도 좋다. 예를 들어, 3시간 만에 한 편 쓰기로 했는데 20분이 더 걸릴 수도 있고, 30분이 단축됐을 수도 있다. 일주일 동안 써봤더니 한 편 쓰는 데 평균 2시간 30분이 소요됐다면 목표를 더 높게 수정해도 좋다.

**자기만의
리듬 찾기**

어떤 작가는 이른 아침에 글을 쓰고, 어떤 작가는 한밤중에만 글을 쓴다. 여덟 시간 내내 작업해야 한 편을 완성하는 작가도 있고, 두 시간이면 충분하다는 작가도 있다. 정답은 없다. 작업 효율이 가장 좋은 최적의 시간대를 찾아내자!

환경도 살펴보자. 카페가 좋은지, 도서관이 좋은지. 집에서 작업한다면 글 쓰는 장소를 바꿔보자. 작업실이 아닌 식탁에서 글이 잘 나올 수도 있다.

겸업, 학업, 가사, 육아 때문에 짬이 날 때만 글을 쓰는 작가도 있을 것이다. 절대 시간이 부족하다면 효율을 높이는 수밖에 없다. 어떤 장소, 어떤 타이밍에서 작업해야 집중이 잘 되는지 찾아야 작업 속도가 빨라진다.

 Small TALK

내 경우는 잠을 자고 일어난 직후가 가장 집중이 잘 된다. 아침에 일어나자마자 한 텀, 낮잠 자고 일어나서 한 텀을 쓴다. 장소는 무조건 작업실이다. 수정은 지하철에서 유독 잘 되는데, 이유는 잘 모른다. 그래서 가끔 일부러 지하철을 타기도 한다.

유독 작업이 잘 되는 날이 있다. 신내린 것처럼 2만 자, 3만 자 쭉쭉 써내려간다. 그렇게 계속 쓸 수 있으면 좋겠는데, 그 뒤로 일주일 내내 한 글자도 못 쓴다. 심지까지 다 타버린 양초가 된 거다.

전업 작가를 희망한다면 '빨리 쓰기 + 꾸준히 생산하기'라는 능력을 동시에 갖춰야 한다. 꾸준하지 못하면 아무리 빨리 써 봐야 소용없다. 그리고 내 안의 이야기보따리가 바닥나지 않도록 관찰하면서 써야 한다. 삘 받는다고 마구 써버리면 이야기보따리에 구멍 나기 쉽다.

"오늘은 5,000자 더 쓸 수 있을 것 같은데?" 드물지만 이런 날도 있다. 하지만 내일을 위해 참는 것도 프로정신이다. 하루에 15,000자 쓰고 다음 날 노는 것보다, 1만 자씩 이틀 쓰는 게 더 효율적이니까.

작가마다 '모든 걸 불태우는 분량'은 다르다. 나는 하루 1만 자지만, 어떤 작가는 5,000자일 수도 있고, 어떤 작가는 2만 자일 수도 있다. 3,000자 만에 모든 것이 불탄 느낌이라고? 너무 초조해할 필요 없다. 쓰다 보면 늘어난다. 조금씩 늘려가 보자.

당신이 전업 작가를 희망한다면 하루 최소 5,000자 이상 쓰는 걸 최종 목표로 삼는 게 좋다. 그렇지만 너무 높은 목표는 포기로 가는 지름길이라는 걸 잊지 마시길!

05

문장이 너무 밋밋한데
표현력 키우는 방법 있나요?

표절 걱정 없이 표현력 키우는 꿀팁

"표현력 고민할 시간에 스토리 진행하는 게 나은데!"

어떤 작가는 이렇게 생각할 수도 있다. 웹소설 대박 작가 특강에서도 비슷한 말을 들었다. "읊조렸다, 입을 열었다, 쏘아붙였다, 중얼거렸다 등등 너무 다양하게 쓰지 말고 그냥 '말했다'라고 쓰세요. 그래도 됩니다."

당신도 그렇게 생각하는가? 그렇다면 이번 장은 쿨하게 넘기시라. 하지만 표현력을 높이고 싶다면 이번 장을 꼭 읽어보고 유용하게 활용하길 바란다.

위와 같이 말한 대박 작가는 남성향 장르 작가님이셨다. 절대적이라고 할 수 없지만, 남성향보다 여성향 장르 작가들이 표현력을 더 많이 고민하는 편이다. 로맨스라는 장르 특성상 섬세한 감정 표현이 중요하기 때문이다. 장르별로 독자의 취향도 다르다. 자신이 쓰는 장르에 알맞은 표현력을 길러보자!

유의어, 동의어를 적절히 사용하자

내 머릿속에 담긴 단어는 정해져 있다. 내가 글을 쓸 때 사용하는 단어 또한 정해져 있다. 그중에서 자유자재로 꺼내쓰는 단어는 몇 개나 될까?

앞에서 글을 빨리 쓰려면 생각하는 속도와 타이핑하는 속도를 일치시키라고 했다. 머릿속에 있는 단어를 순간적으로 꺼내 타이핑해야 한다. 문장은 단조로워지고, 뻔하디뻔한 표현이 반복되기 쉽다.

초고에서는 그래도 된다. 빨리 쓰는 것이 최우선 과제니까. 하지만 수정할 때는 변화를 줘야 한다. 미려한 문장, 감각적인 문장, 작가의 개성이 물씬 풍기는 그런 문장을 쓰고 싶다고?

그때 필요한 것이 국어사전이다. 그중에서도 유의어와 동의어를 최대한 활용하자. 같은 표현이라도 단어만 바꿔서 느낌을 살릴 수 있다.

예 그의 두 눈에 분노가 이글거렸다.

여기서 '이글거렸다'를 대신할 수 있는 단어는 많다. '서렸다', '일렁였다', '스쳤다', '번뜩였다', '치밀었다', '치솟았다', '쏟아졌다', '솟구쳤다' 등등.

뜻은 다르더라도 같은 의미를 전달하는 단어가 무척 많다.

그런 단어들을 머릿속에 입력하고 언제, 어느 때든지 꺼내 쓸 수 있도록 연습해보자.

나는 작품 수정할 때 국어사전 앱을 항상 켜놓는다. 비문도 확인하고 유의어, 동의어도 검색해본다. 주로 네이버 국어사전을 쓴다. 단어 뜻과 함께 예문을 다양하게 보여주기 때문이다. 대작가의 표현력을 엿볼 기회를 놓치지 말자.

예 스몄다

• 사전적 의미

1. (동사) 물, 기름 따위의 액체가 배어들다

2. (동사) 바람 따위의 기체가 흘러들다

3. (동사) 마음속 깊이 느껴지다

• 유의어

스며들다, 침윤하다, 먹다

• 예문

– 마른 밭 흙냄새와 차조 잎사귀의 풋내가 코에 스몄다.

(출처 : 표준국어대사전, 한승원, 『해일』)

– 바람이 건듯 불어 들자 감미로운 라일락 향기가 코에 스몄다.

(출처 : 표준국어대사전, 오상원사 어첩 · 동중창권선문(1464), 『백지의 기록』)

– 등을 통해 모래의 냉기가 스며 올라왔다.

(출처 : 표준국어대사전, 황순원, 『일월』)

의성어, 의태어로 문장의 맛을 더하자

의성어, 의태어를 많이 쓰면 유치해지고, 동화처럼 보이기도 한다. 하지만 잘 쓰면 문장의 맛을 더할 수 있다.

예

- 그의 이마에 송글송글 맺힌 땀방울이 내 쇄골 위로 톡 떨어졌다.
- 속눈썹을 깜빡일 때마다 샤라락, 샤라락 고운 소리가 나는 듯했다.
- 입술이 마주 닿았을 때 나도 모르게 퍼드득 어깨를 떨었다.
- 화살에 맞은 사슴이 겅중겅중 뛰어오르는 걸 본 소년은 마른침을 꼴깍 삼켰다.

의성어, 의태어를 잘 쓰면 감각과 상상력을 자극할 수 있고, 생동감도 더해진다. 장면을 보여주는 것에서 멈추지 말고 청각, 촉각, 미각을 자극할 수 있도록 하자. 남발하면 독이 되므로 포인트를 주고 싶은 부분에서 적절히 활용하길.

표현력을 만드는 건 결국 설정이다

수많은 단어를 알고, 멋스러운 문장을 쓸 줄 알아도 뻔한 배경에 평면적인 캐릭터만 등장한다면 소용없다. 천재적인 표현력도 매력적인 설정 없이는 빛을 보지 못한다. 아니, 돼지 목에 진주목걸이 걸기 십상이다.

무미건조한 사무실에서 남주인공이 '행인2'나 할 법한 대사만 읊조리면 누가 그 소설을 읽을까? 설정이 구리면 신이 내린 표현력을 가졌어도 캐릭터를 제대로 살릴 수 없다.

표현력의 기본은 설정과 캐릭터다. 기본이 탄탄하게 밑받침

되어야 비로소 표현력이 돋보이는 것이다.

- **문장 = 대사 + 지문**
- **대사 = 대화 + 독백**
- **지문 = 상황 + 내면 설명 및 묘사**

대사에서는 캐릭터가, 지문에서는 배경 설정이 드러난다. 표현력을 논하기 전에 내 작품의 설정을 돌아보자. 매력적인 설정과 캐릭터를 만드는 것이 고급스러운 단어와 찰떡같은 비유보다 중요하다.

설정과 캐릭터를 돋보이게 하는 방법을 먼저 연구하자. 그러면 표현력이 저절로 향상될 수 있다.

경제적으로 필사하자

표현력 늘리겠다고 필사하는 신인 작가를 많이 봤다. 일단 필사부터 해보라는 조언도 종종 본다.

그 열정은 높이 산다. 하지만 "과연 필사가 그만큼 효과적인가?" 하는 물음에는 갸우뚱할 수밖에 없다. "개뿔 도움도 안 되고 팔만 아프니까 필사할 시간에 작품을 써라!" 이렇게 말하는 작가도 있다. 어느 정도는 동의한다.

그럼 나는 필사 안 했느냐? 엄청 많이 했다. 필사한 소설만 100권이 훌쩍 넘는다. 하지만 한 작품을 처음부터 끝까지 필사한 적은 없다. 그럴 정성도, 시간도, 체력도 없다. 내 필사 방법은 이렇다.

1. 책을 읽는다.

2. 필사하고 싶은 문장에 인덱스 테이프를 붙인다.

3. 다 읽은 후 표시된 문장만 옮겨적는다.

대수로울 것 없는 뻔한 방법이다. 조금 다른 점이 있다면 나만의 사전에 필사한다는 것 정도?

나는 배경 묘사, 대사, 캐릭터 등 여러 개의 필사 파일을 만든다. 두려움, 기쁨, 슬픔 등 감정별로 파일을 만들기도 한다. 책을 읽다가 배경 묘사가 훌륭한 문장을 발견하면 배경 묘사 파일에, 인물 묘사가 좋았다면 인물 묘사 파일에 옮겨적는다. 이런 식으로 나만의 필사 자료집을 만들었다. 이렇게 하면 내가 어떤 부분이 부족한지, 어떤 표현을 선호하는지 파악하는 데도 도움이 된다.

몇 개의 단어만 바꿔서 얌체처럼 베끼라는 소리가 아니다! 좋은 문장을 접해서 호흡을 익히고, 영감을 얻으라는 거지.

필사만 하고 내 것으로 만들지 못하면 말짱 꽝이다. 필사한 문장들을 내 스타일로 재탄생시키는 노력이 핵심이다. 좋은 문장을 읽고, 소화해서 내 방식으로 다시 쓰는 것! 그걸 반복하는 것이 표현력을 키우는 필사법이다.

Small TALK

한 작품을 처음부터 끝까지 필사하는 건 추천하지 않는다. 반절도 못 채우고 포기하거나, 인내심 시험용으로 전락하기 쉬우니까.

문장은 필사하면서 영화, 드라마, 애니메이션은 왜 그냥 흘려 보는가? 표현력을 늘리려면 '이미지'도 수집해야 한다. 친구와의 대화도 마찬가지다.

94쪽에서 언급한 메모하는 방법을 기억하길!

이미지는 표현력을 높이는 데 매우 좋은 자료다. 판타지를 쓰려고 한다면 비슷한 장르의 영화를 보고 장면을 묘사해보자. 머릿속으로 상상하는 것과 이미 구현된 이미지를 보고 옮겨 적는 것은 분명히 차이가 있다. 이런 식으로 다양한 콘텐츠를 수집해 표현력의 재료로 삼자.

마지막으로 좋은 표현을 자주 많이 접하자!

훈련된 문장, 단정한 문장, 비문 없는 문장, 아름다운 문장을 내 안으로 끊임없이 흘려보내야 한다. 결국 책 많이 읽으라는 소리다. 대부분 잊어버리겠지만, 몇 문장이라도 건질 수 있다면 남는 장사 아닌가?

표현력은 하루아침에 늘지 않는다. 어쩌면 아주 오랫동안 '내글구려 병'에 시달릴 수도 있다. 하지만 노력은 배신하지 않는다. 실현 가능한 목표를 잡고 연습하다 보면 당신도 언젠가 '금손 존잘 작가님'으로 불리게 될 것이다.

06

요즘 어떤 웹소설이
잘 나가요?

대박 작가만 아는 트렌드 완벽 분석법

🧑 **나** : (우물쭈물 눈치 보며) 이 소재는 어때요?

👩 **에디터** : (난감하다는 투로) 음… 트렌드랑 너무 안 맞아요.

🧑 **나** : (화들짝 놀라며) 트렌드가 그렇게 중요해요?

👩 **에디터** : 웹소설은 트렌드가 7, 작가 개성이 3이라고 보셔야 해요. 투고

원고 볼 때도 그래요. 트렌드에서 벗어나면 문장이 아무리 좋아도 계

약 안 해요.

🧑 **나** : 왜요? (충격과 공포)

👩 **에디터** : 독자들이 트렌드를 좋아하니까요. (단호)

새 작품을 구상할 때 에디터와 나눈 대화이다. 대화를 끝내고 에디터가 쓰지 말라고 뜯어말리던 소재를 썼다. 솔직히 나 정도 실력이면 트렌드에 편승하지 않아도 잘 될 줄 알았다. 쓸 때는 재미있었다. 결과는? 공모전 낙방, 투고 실패. 게다가 출간도 못 하고 접어야만 했다. 몇 달 동안의 몸 고생, 마음고생이 수포가 된 거다.

"같은 실수 반복하지 않으리라! 더 이상 시간 낭비할 수 없다고!"

다른 작가들은 어떻게 돈 버는지 궁금했다. 뭐가 그렇게 잘났는지, 나보다 얼마나 잘 쓰는지 찾아내고 싶었다. 오기와 욕망에 사로잡혀 최신 유행 작품을 읽어나갔다. 그리고 깨달았다.

"내가 쓴 건 나만 재미있는 소설이었구나. 세상엔 나보다 잘쓰는 작가, 쎄고 쎘구나. 아하하~"

'적을 알고 나를 알면 백전백승'이란 말이 있다. 우리는 랭킹을 점령한 인기작과 경쟁해서 이겨야 한다. 취향 파악부터 인기작 트렌드 분석까지 한 번에 해결해보자!

트렌드 분석법을 익히면 좋은 유형

1. 독서는 많이 했지만, 웹소설은 한 편도 안 읽어본 사람

2. 최신 유행 키워드가 궁금한 사람

3. 메가 히트, 초대박 작품의 장점을 배우고 싶은 사람

4. 잘 팔리는 웹소설을 쓰고 싶은데 어찌할지 몰라서 막막한 사람

5. 내 작품이 상업성이 있는지 확인하고 싶은 사람

얼마나 읽을까?

최소 20종은 읽는 걸 추천한다. 20편이 아니라 장편 20종이다. 스테디셀러 10종 + 최신 인기작 10종부터 시작하자. 스테디셀러가 왜 스테디셀러겠는가? 오래도록 사랑받는 작품에는 공통점이 있다. 일단 고전부터 시작하자.

웹소설 트렌드는 제법 빠르게 바뀐다. 지금의 인기작이 내일의 인기작이 되리란 보장은 없다. 스테디셀러와 최신 인기작을 비교하면서 트렌드가 어떤 식으로 변화했는지 파악해보는 것도 중요하다.

플랫폼 인기작을 점검하자

자신이 쓰는 장르가 흥하는 플랫폼으로 가서 가장 많이 팔린 작품을 찾아보자. 일별, 주별, 월별 랭킹을 찾아볼 수 있다. 남성향 현대 판타지를 쓴다면 문피아, 카카오페이지를, 여성향 로맨스 판타지를 쓴다면 카카오페이지, 조아라, 네이버 시리즈를 찾아보자.

스테디셀러는 카카오페이지의 밀리언셀러페이지를 참고하면 편하다. 웹소설 추천을 검색하면 내로라하는 대박작이 쭉 나오므로 그 작품들부터 분석해보자!

그냥 읽으면 안 된다

독자처럼 술술 넘기면서 읽으면 아무것도 배우지 못한다. '이건 재미있네! 이건 별로네!' 이렇게 비평하다가 끝나기 쉽다.

우리는 독자가 아니다. 시간 때우려고, 혹은 머리 식히려고 웹소설을 읽는 것이 아니다. 장·단점을 분석하고, 내 것으로 흡수한 후 철저히 이용하기 위해서 읽는 것이다. 그러려면 메모와 필사가 필요하다. 나는 도표를 만들어 정리하는 편이다.

완결까지 읽는 것이 너무 부담된다면 초반 10~20화까지 읽고 분석해보자.

트렌드 분석 핵심 = 독서 + 정리 + 필사

트렌드 분석 도표
만들기

제 목	작품의 특징을 어떻게 살렸는지, 제목에 어떤 키워드가 담겼는지 확인하자. 트렌드 강조형, 설정 요약형, 감성 자극형, 어그로형, 호기심 유발형 등등 제목 유형을 분류해보자.	
키 워 드	키워드를 적고, 해당 키워드를 어떤 식으로 조합하고 풀어냈는지 분석한다.	
작품 소개	작품 소개는 제목만큼 중요하다. 어떤 방식으로 작품의 매력을 담았는지 적어보자. 대사가 들어갔는지, 분량은 얼마나 되는지, 어떤 점을 강조하는지, 독자는 어떤 기대감을 가지게 될지 빠짐없이 살펴보자.	
표 지 일러스트	일러스트레이터 이름은 물론 전체적인 분위기, 주인공 포즈 구도, 색조 등을 정리하자. 이미지를 첨부하면 좋다.	
도 입 부 포 인 트	첫 장면에서 독자를 어떻게 유혹하는지 분석해야 한다. 사건부터 몰아붙이는가, 배경을 잔잔히 묘사하는가, 주인공의 심리를 따라가는가, 스릴러적 장치를 이용해 반전을 주는가?	

회차 플롯 주요 대사	각 회차 플롯을 간략하게 정리하자. 스토리 전개 방식, 문장 호흡, 장면 배분 등을 파악할 수 있다. 예『같이 목욕해요, 공작님』1화 플롯 절망에 빠진 여주인공이 타의에 의해 세 번째 결혼식을 하게 됨 → 과거 회상. 이복동생과의 관계, 주인공의 사연 압축 → 현재 시점. 남자주인공의 갑작스러운 등장 → 여주 좌절감, 심리 묘사 → 남자주인공의 기이한 질문 → 혼란스러운 상태에서 여주 살해당함 → 죽어서 천국에 왔는 줄 알았는데 자신의 운명적 비밀을 알게 됨 사건을 얼마나 보여주고 장면은 몇 개로 나뉘었는지. 과거 분량은 전체의 어느 정도인지. 대사와 지문 비율도 살펴보자. 인상적인 문장, 포인트가 되는 대사를 필사하는 걸 추천한다.
캐 릭 터	캐릭터 설정을 요약하는 것보다 작가가 캐릭터의 매력을 어떤 방식으로 보여주는지 분석하는 게 중요하다. 캐릭터 특징 및 최종 목표도 적어두면 좋다.
특 장 점	그 작품만의 개성, 타 작품과의 차별점을 찾는다. 익숙한 설정을 어떻게 낯설게 만들었는지 중점적으로 살펴본다. 익숙한 키워드들을 특별하게 만든 설정이 있다면 꼭 메모한다.
절단신공	한 회차를 어떻게 마무리하는지 확인하자. 연독률을 높이기 위한 이 작품만의 방법이 있는지 살펴봐야 한다.
셀 링 포 인 트	이 작품이 왜 잘 팔렸을지 작가가 아닌 독자 입장에서 생각해볼 필요가 있다. 남주가 양봉업자 여주랑 붙어있기만 해도 꿀이 뚝뚝 떨어지는가? 로맨스 비중은 적은데 스토리 진행은 팍팍! 설정은 뻔한데 조연들이 주인공을 우쭈쭈해주는 매력이 있는가? 왜 잘 팔렸는지 분석하고 나라면 어떤 식으로 살릴 수 있을지 연구해보자.

이런 식으로 모든 트렌드를 분석할 수 있을까?

NO! 지금도 수백, 수천 편의 새 작품이 올라오고 있다. 독자의 니즈도 시시각각 변한다. 작가 개인이 미세한 변화를 알아채고 시류에 맞는 작품을 때맞춰 출간하는 건 사실상 불가능하다.

인기 작품, 트렌드 작품과 비슷한 스타일로 베껴 쓴다고 성공할 수 있을까?

오히려 작가 생활을 갉아먹는 독이 될 수도 있다. 작가의 정체성을 찾지 못한 상태에서 트렌드 소재만 쫓아다니다간 죽도 밥도 안 된 상태에서 주저앉기 쉽다.

대충 트렌드 소재를 끌어다 엇비슷하게 찍어낸 소설은 독자가 제일 먼저 알아본다. 결국 가장 먼저 외면당할 수도 있다는 뜻이다. 트렌드를 탈 때는 어느 정도 팔리겠지만, 유행이 지나면 작품의 생명력도 끝나버린다. 출간하기 전 트렌드가 끝나버리면 그야말로 닭 쫓던 개 지붕 처다보는 상황이 된다. 트렌드를 나만의 방식으로 보여줄 방법을 고심, 또 고심해야 한다.

트렌드 분석은 소용없는 것일까?

NO! 트렌드 분석이 곧 트렌드 소재 빨아먹기는 아니다. 다른 작품을 섭렵하는 건 독자와 나를 이해하는 데 꼭 필요한 과정이다. 그림을 배울 때도 모작부터 시작한다. 좋은 글을 쓰려면 좋은 글을 많이 읽어야 하는 건 기본이다.

"무의식 중에 표절하게 될까봐 일부러 안 읽는 건데요?"

가끔 이런 작가들이 있다. 하지만 다른 작품을 읽지 않고, 트렌드 분석을 게을리하면 다음과 같은 문제가 발생한다.

1. **설정 및 소재가 비슷한 작품을 발견하면 상대 작가가 표절했을 것으로 의심한다.**
   웹소설 장르에서 소재 중복은 흔해 빠졌다. 나만 생각해낼 수 있는 특별함은 사실상 없다고 봐야 한다. 내 작품에만 매몰되어 있을 때 쉽게 저지르는 실수다.

2. **한참 전에 유행이 끝난 소재를 쓰고 있다는 것을 깨닫지 못한다.**
   내 소재가 이미 한물갔다는 걸 모르는 채 300편 완결까지 썼다면? 상상만으로도 식은땀이 흐른다. 인기 작품을 전부 읽지 않더라도 트렌드가 어떻게 흘러가는지는 제대로 파악하자.

3. **내 작품의 문제점을 짚어낼 수 없다.**
   스토리 진행이 너무 느린지, 캐릭터 설정이 고구마인지, 인기작과 비교하면서 점검해볼 필요가 있다. 나는 좋지만, 독자에겐 별로일 수 있다.

인기 작품을 분석하다 보면 독자가 어떤 키워드를 선호하는지, 어떤 스타일을 싫어하는지 등의 추세를 대략 확인할 수 있다. 세월이 흘러도 변하지 않는 인기작의 공통점도 찾을 수 있다. 또 내가 어떤 작품에 매력을 느끼고, 어떤 부분을 잘 쓸 수 있을지도 확인할 수 있다.

트렌드 & 인기작 분석의 핵심은 독자와 작가 사이의 '간격 좁히기'다!

트렌드 분석 시 특급 주의사항

1. 트렌드 피로도를 기억할 것!

독자들은 트렌드를 좋아하면서도 피로해한다. 너무 뻔하다는 것이다. 트렌드 수명도 점점 짧아지는 추세다. 회귀, 빙의, 환생처럼 오래가는 트렌드는 드물다.

2. 따라쓰는 건 분석이 아니다!

남의 작품을 베끼는 건 분석이 아니라 표절이다. 절대 성공하지 못한다. 그러나 남이 뭘 썼는지 모르면 내 작품이 기존 작품과 비슷한지 아닌지 구분할 수 없다. 다양하게 읽고 연구해서 나만의 것을 쓰자! 트렌드를 쓰려면 비틀기, 낯설게 보기가 필수다.

3. 트렌드 소재를 안 써도 작품은 꼭 분석하자!

꼭 트렌드를 쓰지 않아도 된다. 쓸 필요도 없다. 하지만 좋은 작품, 초대박 작품을 분석하는 건 작가에게 큰 도움이 된다. 어떤 작품이든 배울 점이 있기 때문이다. 취향이 아니라 멀리하는가? 게으름에 대한 핑계는 아니고? 잘 팔리는 작가가 되고 싶다면 꾸준히 공부하자.

Small TALK

작품을 20종이나 읽으려면 돈이 제법 필요하다. 하지만 대박 작가가 되려면 그 정도 투자는 해야 한다. 내 공부를 위해서 참고 자료를 만드는 건데 그 돈을 아까워하면 안 된다. 불법 다운로드, 텍본(웹소설을 텍스트 파일로 만들어 유포하는 것)은 당연히 금지다!

플롯이 뭐예요?

독자를 사로잡는 매혹적인 플롯 쓰는 법

'플롯(plot)'이란 단어는 많이 들어봤을 것이다. 하지만 "플롯이 뭐예요?"라고 물었을 때 명확하게 답하는 사람은 드물다. 대체 플롯이 뭘까? 플롯을 쫓아가는 것이 장르문학이라는데?

이런 서두는 정말 피하고 싶었지만, 한 번만 봐주시라.

- **플롯** : 문학 작품에서 형상화를 위한 여러 가지 요소를 유기적으로 배열하거나 서술하는 일(출처 : 표준국어대사전)
- **유의어** : 구상, 구성, 스토리

사전을 살펴보니 더 아리송해진다. 구상하는 것도 플롯이고, 스토리도 플롯이라고? 그게 뭐야? 플롯의 어원을 거슬러 올라가면 '한 조각 땅'이라는 말이 등장하는데…. 이건 그다지 궁금하지 않을 테니까 자세한 설명은 생략하겠다.

플롯의 정의

- 이야기의 구조, 뼈대
- 사건과 사건을 연결하는 유기적 구성
- 원인과 결과를 만드는 것
- 결말을 향해 나아가는 과정
- 호기심을 유발하는 질문과 갈등, 클라이맥스, 반전

이 모든 것이 플롯이다. 소설, 희곡, 시나리오 창작에서도 플롯의 중요성은 수없이 강조된다. 플롯이 곧 이야기이기 때문이다. 황당한 우연이 남발되거나, 지나치게 얽히고설켜 이해 안되는 이야기를 읽고 싶겠는가? 긴장감도 없이 흐물흐물하게 진행되는 이야기는?

작가는 플롯을 장악할 수 있어야 한다. 플롯 곳곳에 재미를 증폭시킬 장치를 심어야 한다. 물론 억지는 금물이다.

뻔하디뻔한 클리셰(cliché), 천편일률적인 트렌드 사이에서 당신의 창의력과 재능을 폭발시키고 싶다고? 그렇다면 플롯부터 점검해보자!

650마력을 뿜는 8기통 터보 엔진, 최첨단 소재로 만들어진 차체, 명품 가죽 시트를 자랑하는 슈퍼카를 샀다. 최고 속력으로 내달릴 수 있는 트랙도 마련되었다. 하지만 운전자가 없다면?

이런 상황에서는 슈퍼카도, 트랙도 아무짝에 소용없다. 플롯에 올라타 시동 걸고 액셀러레이터와 브레이크를 리드미컬하게 밟아줄 캐릭터가 있어야 슈퍼카도 제 능력을 뽐낼 수 있다.

- **액셀러레이터 = 캐릭터의 궁극적 목표**
- **브레이크 = 캐릭터의 약점 & 트라우마**

캐릭터의 목표가 명확하지 않으면 플롯에 힘이 빠진다. 스토리의 원동력은 캐릭터의 목표 & 욕망이다. 미친 듯이 달리기만 하면 엔진이 터져버릴 테니까 힘 조절도 필요하다.

어떤 캐릭터가 플롯을 이끄는지, 무슨 목표를 향해 나아가는지 플롯의 초반에 선명하게 보여줘야 한다. 물론 독자가 공감할 수 있는 방식으로.

내 주인공이 저주에 걸린 몬스터 헌터이고, 그의 목표는 양아버지를 죽인 원수에게 복수하는 것이라고 하자. 몬스터 헌터가 너무 쉽고 간단하게 복수에 성공한다면 누가 그 소설을 읽겠는가? 캐릭터의 목표는 확실해야 하고, 목표를 이루는 과정은 긴장의 연속이어야 한다. 그렇다면 긴장은 언제 생길까?

❶ 예기치 않은 장애가 발생할 때

❷ 실패할 때

❸ 다른 캐릭터와 갈등할 때

❹ 딜레마에 빠질 때

무슨 소리인지 와닿지 않는다고? 예를 들어보겠다.

❶ - 1. 장애 : 복수하려고 몬스터 헌터가 되었는데, 뛰어난 실력 덕분에 의뢰가 끊이지 않는다. 복수할 시간도 없을 만큼 바쁘다.

❷ - 1. 실패 : 복수 기회를 잡았지만, 저주 때문에 실패한다.

❸ - 1. 갈등 : 복수를 포기하고 세계 최고의 몬스터 헌터가 되라는 연인과 대립한다.

❹ - 1. 딜레마 : 알고 보니 연인이 원수의 딸이었다. 복수를 선택할 것인가, 사랑을 선택할 것인가?

장애, 실패, 갈등, 딜레마 모두 긴장감을 발생시키는 장치다. 스토리가 클라이맥스로 치달을수록 긴장감은 더욱 고조되어야 한다. 주인공은 더 큰 갈등과 근본적 딜레마에 시달려야 한다.

독자는 긴장감을 느끼는 동시에 의문을 던질 것이다. 주인공은 왜 복수에 집착하는 거지? 죽은 양아버지보다 자기 인생이 중요하잖아? 사랑과 복수 모두를 이룰 수 있을까?

스토리에 몰입하지 못한 독자는 의문을 던지지 않는다. 따라서 작가는 재미있고 창조적인 방법으로 독자에게 끊임없이 질문거리를 던져줘야 한다. 플롯의 긴장감을 최대한 확대하고,

있는 힘껏 밀고 나가자!

플롯을 독자에게 숨겨라

독자가 다음 편을 결제하는 이유는 이야기가 어떻게 흘러갈지 궁금하기 때문이다. 흥미진진하고 아슬아슬한 전개로 독자를 끌어당겼다고 자만하지 말자. 기대감으로 가득 찬 독자는 실망하기도 쉽다. 시시하고 뻔한 사건이 이어진다면 기껏 모셔온 독자가 하차하게 될 것이다.

작가는 독자의 기대심을 충족시키는 동시에 독자의 예상을 빗나가야 한다. 예상대로 흐르는 스토리에 흥미를 느끼는 사람은 드물다. 스릴러뿐만 아니라 판타지, 무협, 로맨스에서도 반전은 필수다.

독자는 뒤통수를 맞으며 즐거워한다. 적당히 보여주고, 적당히 속이면서 독자들을 유혹하자.

플롯을 유리알처럼 투명하게 보여주면 재미는 뚝뚝 떨어진다. 중요한 복선을 사소한 것처럼 숨겨놓자. 독자가 나중에 무릎을 칠 수 있도록 유인하는 것이 플롯의 묘미다.

플롯은 개연성이다

플롯의 기본은 개연성이다. 원인과 결과를 공들여서 세팅해야 한다는 뜻이다. 몬스터 헌터라도 인간에게 해롭지 않은 몬스터를 이유 없이 학살해버리면 공감받지 못한다.

모든 일에는 원인이 필요하다. 내적 이유일 수도 있고, 외적 이유일 수도 있다. 원인이 결과를 만들고 그 결과가 또 다른 사건의 원인이 되어야 스토리가 유기적으로 굴러간다.

❶ 내적 이유 : 주인공은 하루에 한 번 피를 보지 않으면 사망하는 저주에 걸렸다. 저주 때문에 몬스터를 죽일 수밖에 없다.

❷ 외적 이유 : 일주일 안에 몬스터 1,000마리를 죽이라는 명령을 받았다. 명령을 어기면 몬스터 헌터 자격증을 박탈당한다.

작업이 풀리지 않아서 대충 끼워 넣은 사건이 나중에 주요 사건을 해결하는 열쇠가 되기도 한다. '미리 짜놓은 것도 아닌데 다 연결되잖아? 나 천재인가 봐!' 글을 쓰다 보면 가끔 이런 순간도 찾아온다. 임기응변으로 만든 사건이라도 다시 활용할 방법을 모색해 보자. 좋은 플롯은 끊임없이 사건을 만들어낸다.

❶-1. 잔혹하게 몬스터를 죽이는 모습을 연인이 목격했다. 주인공의 저주에 걸렸다는 걸 모르는 연인은 이별을 선언했다.

❷-2. 몬스터를 죽였지만 몬스터 헌터 자격증을 박탈당했다. 주인공은 몬스터 일족의 원수가 되어 도망치게 되었다.

개연성을 살리겠다며 사건을 지나치게 꼬아버리면 안 된다. 사건이 뚝뚝 끊어져서 따로 노는 느낌이 들어서도 안 된다. 독자가 따라올 수 있는 자연스러운 연결, 개연성의 핵심이다.

플롯은 역동적이어야 한다

플롯을 짤 때는 역동성을 놓치지 말아야 한다. 주인공을 한 자리에 머물게 해서는 안 된다. 주인공을 쉬지 않고 흔들어야 작품의 모세혈관까지 활력을 공급할 수 있다.

몬스터 헌터가 사냥은 안 하고 선술집 아가씨들과 농담 따먹기만 한다면 어떨까? 그래야만 하는 필연적인 이유가 있어도 긴장감이 뚝뚝 떨어질 것이다. 비슷한 배경, 뻔한 사건, 밋밋한 대화는 공들여 쌓은 플롯을 무너뜨린다.

어떻게 하면 플롯을 역동적으로 구성할 수 있을까? 일단 캐릭터, 사건, 배경 모두를 흔들고, 극단까지 몰아 붙여보자. 일주일에 한 번 자살을 시도하고, 몬스터와 인간 모두에게 공격받으며, 초대형 몬스터의 내장 안으로 들어가고, 그 누구도 얻지 못한 보물을 손에 쥐게 만들자. 작가의 창의력이 최대한 발휘되는 부분이다.

'역동성'의 반대말은 '상투성'이다.

"설정도 좋고 필력도 좋은데, 좀 지루하네."

이런 평가는 치명적이다. 다른 부분이 아무리 좋아도 지루하면 안 읽는다.

"설정도 유치하고 문장은 구린데, 하차할 수가 없네."

차라리 이쪽이 훨씬 낫다. 플롯을 만들어내는 재능이 당신에게 있다는 뜻이니까!

08

캐릭터,
어떻게 만들어야 해요?

캐릭터 만들 때 꼭 기억해야 하는 일곱 가지

캐릭터는 소설의 심장이다. 심장 없이 사는 사람이 없듯, 매력적인 캐릭터 없이 성공하는 작품은 없다. 특히 주인공이 중요하다. 주인공에게 뭘 원하는지 물어보자. 기름통을 지고 불구덩이에 뛰어들 만한 강력한 목표를 심어주자.

기상천외한 능력, 출생의 비밀, 독특한 버릇 등등 주인공을 꾸미는 요소는 많다. 매력적인 주인공을 만들었다고 끝이 아니다. 작가는 항상 독자를 의식해야 한다.

캐릭터 설정만큼 중요한 것이 독자의 감정이입이다! 독자는 주인공이 되어 허구의 세계를 누비고 싶어 한다. 함께 고난을 이겨내고, 목표를 쟁취하고 싶어 한다. 주인공에게 감정이입한 독자는 완결까지 달려줄 가능성이 크다.

감정이입에는 공감이 필수다. 인간적인 면, 도덕적인 면, 사회적인 면 모두를 자극해보자. 판타지 세계가 배경이라고 해도 주인공은 우리 사회와 현실을 반영하는 일면을 가져야 독자가 공감할 수 있다.

**캐릭터는
입체적이어야
한다**

평면적인 캐릭터는 재미없다. 다음 행동을 예상할 수 있기 때문이다. 나쁜 놈이 처음부터 끝까지 나쁜 짓만 하고, 착한 놈이 죽기 직전에도 도덕군자처럼 군다면 무슨 재미가 있을까?

평면적인 캐릭터는 비현실적이다. 일차원적이고 평면적이기만 한 인물은 존재하지 않기 때문이다. 세상은 흑과 백, 아름다운 것과 추한 것, 옳은 것과 그른 것으로 딱 구분되지 않는다. 고정관념, 이분법적 사고, 흑백논리는 어색하고 뻣뻣한 캐릭터를 만든다.

"이런 사람, 어딘가 진짜 있을 것 같은데?"
"실제 모델이 있는 거 아냐?"

이렇게 느낄 만큼 리얼하고 입체적인 캐릭터를 만들자. 그렇다면 어떻게 해야 캐릭터를 리얼하게 표현할 수 있을까?

❶ **현실 반영**
❷ **인간적인 면모**
❸ **예상 밖의 행동**

예를 들어보겠다.

❶-1. 세계 최강의 기사지만 갑자기 찾아온 관절염 때문에 은퇴를 꿈꾼다.
❷-1. 조직폭력배 두목의 최대 고민은 5살배기 딸의 편식이다.
❸-1. 연쇄살인마의 취미는 유기견 구조, 길고양이 먹이 주기다.

입체적인 캐릭터를 만들려면 작가가 부여한 설정 이면의 모습을 관찰하고 끌어낼 수 있어야 한다. 무엇이 옳다고 정의 내리기 어려운 상황, 누가 승자이고 누가 패자인지 모호한 상황, 분명한 답이 없는 상황 속에서 갈등은 커지고, 캐릭터의 리얼함이 더욱 돋보인다.

캐릭터는 개성적이어야 한다

캐릭터가 어떤 외모를 가졌는지, 어떤 과거사가 있는지 묘사하는 것도 중요하지만, 캐릭터의 매력을 좌우하는 건 개성이다. 남들과 구분되는, 무언가 그 캐릭터만 가진 특별함 말이다.

'미친 듯이 돈 밝히는 여주인공'을 만들었다고 가정해보자. 돈 좋아하는 캐릭터는 비교적 흔하다. '돈 좋아하는 캐릭터니까 인색하고 재테크에 빠삭하겠지.' 이런 상투적인 설정만으로는 부족하다. 개성은 디테일에서 나온다. 그리고 디테일은 메인 설정과 연관되어야 한다.

- 가는 귀가 먹어서 대화에 집중을 못 하는데, 남의 주머니 속 동전 짤그랑거리는 소리는 귀신같이 듣는다.
- 돈 때문에 수학을 좋아했고, 슈퍼컴퓨터 수준의 암산술을 터득했다.
- 자신은 노숙자처럼 먹고 자면서 다른 사람을 도와줄 땐 재벌 3세처럼 돈을 펑펑 쓴다.

캐릭터 설정을 빛나게 해줄 고유한 방식을 개발해야 한다는 뜻이다. 내가 목격했던 돈 밝히는 인물의 특징을 떠올려 캐릭터를 만들어보자.

개연성을 더하면 금상첨화다. 독자는 항상 '얘는 왜 이런 행동을 하는 거지?'라는 의문을 품는다. 개연성 없는 캐릭터가 이리 튀고 저리 튀면 공감은커녕 황당할 뿐이다. 그런 캐릭터가 될 수밖에 없었던 숨겨진 사연을 만들어보자. 시시콜콜한 사연을 모조리 작품으로 옮기는 건 금물! 설정은 설정일 뿐이라는 걸 잊지 말자.

너무 완벽한 캐릭터는 매력 없다

처음부터 완벽할 필요는 없다. 하지만 '특이하지만 어딘가 끌리는 애', '미친놈 같은데 궁금한 애', '친구 삼아도 좋을 애' 정도는 되어야 한다.

Small TALK

어떤 약점은 주인공을 돋보이게 하고 독자의 공감도 끌어낼 수 있다.

주인공도 사고 칠 수 있고 실수도 한다. 그렇지만 무슨 짓을 하든 독자가 납득할 만한 당위성이 있어야 한다.

사건 진행을 위해 주인공을 민폐쟁이로 만들면 안 된다. 팔랑귀도 인기 없다. 우유부단해서 질질 끌려다니는 주인공? 독자들이 정말 싫어한다. 약간의 부족함, 안타까운 트라우마 정도면 충분하다.

구제 불능 쓰레기 설정이라면 개연성을 빵빵하게 채워주자. 발전 가능성을 암시하는 것도 필요하다. 처음부터 능력을 발휘하지 않아도 된다. 독자는 캐릭터의 성장을 지켜보며 즐거움을 느낀다. 고아 출신 여주인공이 황후가 되거나, 왕따였던 남자 주인공이 재벌이 되는 등 성장 스토리가 인기를 끄는 것도 이런 이유 때문이다.

캐릭터는 변한다

1화에서 등장한 주인공과 완결 직전의 주인공이 똑같을까? 아니, 변할 수밖에 없다. 그곳에 도달하기까지 가치관을 뒤흔들 정도의 사건을 수없이 경험했기 때문이다.

캐릭터들은 서로 관계를 맺으며 자극을 주고받는다. 우정, 사랑, 열정 등등을 새롭게 배우기도 한다. 세상을 보는 관점, 삶의 목적 자체가 변하는 경우도 흔하다. 변화의 과정을 생생하게 그려주면 캐릭터가 살아난다.

정서적 변화는 물론 육체적 변화가 생기기도 한다. 복수 때문에 한쪽 팔을 잃었다면, 팔을 잃기 전과 후의 캐릭터는 완전히 달라져야 한다.

로맨스도 마찬가지다. 피도 눈물도 없는 냉혈한 남주인공이 종반에는 상대를 배려하는 방법도 배우고, 달달한 멘트도 날릴 줄 알게 된다. 진정한 사랑을 깨달으면서 좀 더 멋진 인간으로 성장한 것이다.

주인공의 변화는 성장 및 발전이 중심이다. 악역의 경우 더욱 심화되고 고착화되는 방식으로 변화한다. 엔딩에서 주인공에게 감화되기도 하는데, 이것도 큰 변화다.

캐릭터는 스스로 움직인다

스토리가 진행될수록 캐릭터는 자아를 갖기 시작한다. 작가의 손에서 탄생했지만, 자신의 삶을 꾸려나가는 독립된 존재로 성장하는 것이다. 때로는 작가의 의도를 벗어나기도 한다. 잘 만들어진 캐릭터일 경우 더욱더 그렇다.

'돈 밝히는 여주인공이 금화가 가득 든 상자를 포기하고 낯선 소녀의 목숨을 구해주는 에피소드'를 만들어보자. 최종 선택의 순간, 여주인공이 소녀를 내팽개치고 금화 상자로 달려갈 수도 있다. 평소 도덕성보다 돈을 우선시했던 캐릭터였다면 그쪽이 더 자연스럽다. 작가가 원한다고 여주인공을 억지로 소녀 앞에 끌어다 놓지 못한다.

캐릭터가 플롯대로 움직이지 않으면 어떻게 해야 할까? 의사를 존중해줘야 할까? 유연한 대응이 필요하지만, 늘 캐릭터에 끌려다닐 수는 없다. 플롯은 산만해지고, 스토리는 표류할 게 뻔하다.

그때는 캐릭터의 욕망을 지켜보고 합의점을 찾아야 한다. 일단 여주인공이 금화를 움켜쥐게 만들자. 금화가 주는 행복을 만끽하게 한 뒤에 발길을 돌리면 된다. 눈물을 펑펑 흘리며 목숨을 구해준 소녀에게 '내가 포기한 돈만큼 열심히 살아! 안 그러면 내가 널 죽여버릴 테니까!'라고 으름장을 놓을지도 모른다.

작가가 캐릭터를 완전히 장악할 수 있다고 믿는 것은 오만이다. 스스로 움직이는 캐릭터가 작가에게는 더 반갑다. 그들이 알아서 말하고, 행동하는 걸 작가는 받아적기만 해도 충분할 때가 있다.

캐릭터를 관찰하자. 플롯을 이끄는 캐릭터를 존중하는 것도 필요하다.

캐릭터의 성공을 결정하는 비중

주인공의 비중이 줄면 독자는 흥미를 잃는다. 독자가 감정을 이입하는 대상은 주인공이기 때문이다. 조연의 러브스토리나 악역의 숨겨진 과거 따위는 별로 궁금하지 않다.

물론 스토리를 진행하고 관계성도 쌓으려면 주야장천 주인공만 등장할 수는 없다. 그래도 주인공의 분량은 지켜줘야 한다. 등장하지 않는다면 언급이라도 해주자. 사건의 중심은 언제나 주인공이어야 한다. 가장 중요한 실마리도 주인공이 찾아야 하고, 문제도 주인공이 해결해야 한다.

독자는 작가가 누구에게 카메라를 비추는지 예의주시한다.

카메라에 많이 잡히는 캐릭터에게 더 많이 감정이입한다. 만약 작가가 조연을 더 많이 비추면 독자는 주인공보다 조연에게 열광하게 될 것이다. 그럼 플롯의 목적을 잃고 사건은 방황하게 된다.

Small TALK

조연은 주인공보다 더 극단적이고 개성적으로 만들어도 좋다. 대신 조연의 매력이 주인공을 압도해서는 안 된다.

한 편에 너무 많은 인물을 등장시키는 것도 금물이다. 특히 첫 화에 조연을 여러 명 등장시키지 말자. 독자가 기억할 수 있는 인물은 그리 많지 않다.

이름 짓는 것도 조심해야 한다. 독자는 이름을 가진 캐릭터를 엑스트라라고 생각하지 않는다. 한 번 등장했다가 사라지면 의아해한다. 이름을 부여했다면 걸맞은 임무도 줘야 한다. 후반에 다시 활용하는 것도 좋다.

캐릭터 만들기

도표를 만들면 캐릭터를 이해하고 공감하는 데 도움이 된다. 이름, 나이, 혈연관계 외에도 캐릭터에 대해 알아야 할 것이 많다. 취미, 특기, 삶의 목표는 물론이고 정치 성향, 음식 취향, 살면서 가장 수치스러웠던 경험, 후회하는 선택 등을 적어보자.

Small TALK

물론 이 모든 정보가 스토리에 노출되어야 하는 것은 아니다! 캐릭터를 심도 있게 이해하기 위한 방편이라고 생각하자.

이름, 이름의 의미
생년월일
출신지, 탄생에 관련된 일화
외모
직업, 갖게 된 계기, 현재 만족도
가족관계, 가족 안에서의 위치
성격, 자신이 생각하는 장·단점
삶의 목표
인생의 기쁨 & 행복
자신에 대한 평가
독특한 취향 및 특징
이성 관계, 이성에 대한 생각
주위 평판
특기
취미
좋아하는 것(사람, 동물, 상황 등)
혐오하는 것
두려워하는 것
휴식을 취하는 방법
약점 & 트라우마
식습관

작가가 아니라 캐릭터가 되어서 인터뷰에 응하듯 대답해보는 걸 추천한다. 캐릭터를 대상으로 MBTI 진단을 해보는 것도 좋은 방법이다.

"작가는 묘사하는 인물 속으로 들어가야 한다.

그의 몸속으로 들어가서 그의 눈으로 세상을 보고

그의 감각으로 세상을 느껴야 한다."

- 알퐁스 도데(Alphonse Daudet) -

캐릭터 점검 체크리스트	주인공	□ 이야기를 끌고 나갈 만큼 매력적인가? □ 목표가 분명한가? □ 플롯을 장악하고 있는가? □ 고유한 무언가가 있는가? □ 결함이 있는가? □ 성장하는가?
	악역	□ 현실적인가? □ 정당성이 있는가? □ 흥미로운가? □ 사연이 있는가? □ 주인공과의 갈등이 중대한가? □ 어리석거나 너무 약하지 않은가?
	조연	□ 개성적인가? □ 주인공에게 도움을 주는가, 방해하는가? □ 비중이 큰가? □ 쓸데없는 말을 하지 않는가? □ 주인공보다 튀진 않는가? □ 발언권이 너무 세지 않은가?

웹소설 잘 쓰는
특별한 비법 있나요?

클리셰 & 고구마 & 사이다만 기억하라!

웹소설을 시작했을 때 나는 몇 가지 치명적인 실수를 했다. 첫째는 웹소설을 안 읽은 것이고, 둘째는 특별한 것만 쓰려고 한 것이며, 셋째는 고구마가 뭔지 몰랐다는 것이다. 웹소설을 쓰다 보면 이런 말을 많이 듣는다.

> "재미있으면 장땡이야. 문장이 후져도, 트렌드가 아니어도, 재미있는 작품은 팔리게 돼 있어! 독자가 먼저 알아본다고!"

옳은 말이다. 웹소설 한 편, 작법서 한 권 안 읽어본 초보 작가도 대박 칠 수 있다. 재미만 있다면 말이다.

문제는 '그 재미를 어떻게 잡느냐'다. 슬프게도 작가가 재미나게 쓰는 작품과 독자가 재미있게 읽는 작품은 반드시 일치하지 않는다.

전업 작가, 특히 억대 매출을 기록하는 대박 작가가 되고 싶다면 독자의 목소리에 귀 기울여야 한다. 독자가 뭘 좋아하는지, 뭘 싫어하는지 촉각을 곤두세워야 한다. 이것이 클리셰와 고구마, 사이다를 머릿속에 박아넣어야 하는 이유다.

**클리셰를
요리하라**

클리셰는 부정적인 의미로 많이 사용된다. '진부하고 뻔하다'는 뜻이니 그럴 만도 하다. 하지만 웹소설 작가는 클리셰를 '잘' 다룰 줄 알아야 한다.

클리셰(cliché)는 소설이나 영화 등 이야기에서 흔하게 사용되는 상황, 설정, 스토리 등을 의미한다.

"뻔한 거 쓰지 말라더니, 인제 와서 클리셰를 쓰라고? 앞뒤가 안 맞잖아!"

분노를 터뜨리고 싶은 심정 이해한다. 클리셰를 쓰라는 말이 모욕적으로 들릴 수 있다는 것도 잘 안다. 하지만 어쩌겠는가? 독자가 클리셰를 좋아하는데!

클리셰라고 무조건 좋아한다는 뜻은 아니다. 독자는 작가보다 영리하다. 참신한 클리셰와 진부하기만 한 클리셰를 귀신같이 골라낸다.

드라마, 영화, 뮤지컬 등등 정도의 차이는 있지만, 모든 이야기는 클리셰를 포함하고 있다. 클리셰를 남발하면 독이지만, 전부 빼버리면 소금 빠진 곰탕처럼 밍밍해진다. 피하려고 해도 피할 수 없는 것이 클리셰다. 장르 소설에서는 특히 그렇다.

로맨스 클리셰

- 외모, 학벌, 돈. 모든 걸 가진 남주에겐 남모를 상처가 있다.
- 남녀 주인공은 앙숙이었다가 결국 사랑에 빠진다.
- 결혼 & 임신으로 끝난다.

판타지 & 무협 클리셰

- 주인공은 찌질하거나 망나니이고, 매우 후회스러운 과거를 가지고 있다.
- 여자 조연들은 주인공에게 호감을 느낀다.
- 주인공에게만 특별한 능력이 주어진다.

독자는 익숙하면서도 흥미로운 이야기를 원한다. 결말에서 주인공이 사랑에 실패하고 악인에게 패한다면? 그건 창의력이 아니다. 결말까지 읽어준 독자에 대한 배신이지! 그럼 어떤 클리셰가 좋은 클리셰일까? 익숙한 흐름 속에서 어떻게 재미를 줄 수 있을까?

1. 디테일이 신선한 클리셰
2. 카타르시스를 극대화하는 클리셰
3. 감성을 자극하는 클리셰
4. 공감을 불러일으키는 클리셰

예를 들어보겠다.

과거의 상처를 간직한 남주가 있다. 남주는 완벽히 감췄다고 착각하지만, 사실 주변 사람들은 모두 그의 상처를 알고 있다. 남주를 유리 공예품 다루듯 애지중지하는 주변 사람들을 보며 여주는 결심한다.

"깨지든 말든 마구 굴리겠어. 곪아 터져야 낫든 말든 할 거 아냐?"

막무가내로 돌진하는 여주 때문에 둘은 앙숙이 되지만, 우연히 하룻밤을 같이 보내게 되는데….

설정과 결과는 클리셰라도 클리셰를 다루는 디테일은 얼마든지 새롭게 만들 수 있다. 어떻게 하면 재미를 극대화할 수 있을지 끊임없이 연구해야 한다.

"클리셰 따위는 절대로 쓰지 않아! 나만의 창의력으로 승부하겠어!"

설마 이렇게 다짐했는가? 기성 작가들은 하나같이 혀를 찰 것이다. "쯧쯧, 망해봐야 정신을 차리지." 잘 모르니까 하는 소리라는 걸 기성 작가들은 잘 알고 있다. 공부도, 연구도 하지 않겠다는 나태한 말로 들리기도 한다.

작가가 요리사라면 클리셰는 빼기 어려운 식재료다. 그렇지만 같은 재료라도 조리법과 양념에 따라 맛은 천차만별로 달라지지 않는가? 자신만의 솜씨로 익숙함과 낯섦을 버무리자. 클리셰를 어떻게 요리하느냐가 작가의 진짜 실력이다!

나는 고구마와 사이다가 뭔지 몰랐다. 그렇기에 독자가 고구마를 질색한다는 것도, 사이다를 간절히 기다린다는 것도 몰랐다.

Small TALK

'고구마'는 갈등이 해소되지 않아 답답한 부분을, '사이다'는 그동안의 갈등이 해결되어 속이 뻥 뚫리는 속시원한 부분을 의미한다.

데뷔작 『세자빈의 발칙한 비밀』을 론칭하고 처음으로 고구마와 사이다가 무엇인지 알게 되었다. 응원과 공감 댓글에 기뻐할 짬도 없이 내 얼굴은 새하얗게 질렸다.

'작가님. 사이다는 언제 주시나요? ㅠㅠ'

'고구마 남주 때문에 하차!'

'고구마 구간 어디쯤 끝나요? 제발 스포 부탁요.'

예상치 못했던 반응이 쏟아졌다. 고구마 구간이 뭐지? 우리 남주가 그렇게 답답한 애였나? 물 한 모금 없이 고구마 100개 삼킨 것처럼 가슴이 답답했다.

그 와중에도 독자들은 사이다를 부르짖으며 떠나갔다. "가지 마세요! 앞으로 잘할게요!"라고 외쳐봤자 소용없었다. 외전도 끝났고, 종이책도 찍어낸 상태였다.

나는 순문학만 쓰던 사람이었다. 갈등 해소는 클라이맥스에서 통쾌하게 하는 것만으로 충분하다고 착각했다. 압도적이고 드라마틱한 클라이맥스를 위해 갈등을 차곡차곡 쌓는 데만 집중했지, 독자들이 그걸 보면서 괴로워하리라고는 상상하지 못했다.

유료 연재의 특성을 몰라서 벌어진 일이었다. 종이책 혹은 e북 단행본을 읽는 독자는 비교적 고구마를 잘 참아준다. 하지만 하루에 한 편, 몇 편만 보는 독자라면?

'몰아서 읽어서 그런지 고구마 잘 모르겠어요.'

'완결까지 쭉 읽었는데 고구마가 심하진 않아요.'

완결까지 몰입해서 읽으면 별 문제 되지 않지만, 몇 편씩 끊어 읽을 때는 괴롭다는 거다.

"고구마 쓰지 마! 독자가 싫어하니까!" 이렇게 말하는 건 절대 아니다. 독자 반응을 염두에 두면서 고구마와 사이다의 비중을 적절히 배분하라는 뜻이지!

- **고구마** : 오해, 고난, 갈등, 핍박, 장애
- **사이다** : 승리, 복수, 반격, 화해, 진실, 권선징악

사이다를 터뜨리려면 일단 고구마부터 먹여야 한다. 갈등이 있어야 해소도 할 것 아닌가! 작품에서 고구마를 삭제할 수는 없다. 긴장을 만들려면 고구마는 선택 아닌 필수다.

악역을 처형하려면 나쁜 짓부터 하게 만들어야 한다. 남녀의 사랑도 깊은 오해가 풀렸을 때 더욱 돈독해진다.

그렇다고 주인공을 오해, 고난, 갈등, 핍박, 막말 안에 오랫동안 몰아넣으면 안 된다. 복수, 반격, 승리, 화해, 진실, 권선징악을 싫어하는 독자는 없다. 그럼 고구마와 사이다를 어떻게 써야 할까?

1. 고구마 & 사이다 강도를 조절하자.
2. 플롯을 짤 때 고구마 & 사이다의 분량을 배분하자.
3. 고구마가 길었다면 사이다는 더욱 강렬하고 통쾌하게 터뜨리자.
4. 고구마 구간에 소소한 사이다를 배치해서 숨통을 틔우자.
5. 욕하면서도 결제하게 만드는 고구마 스킬을 연구하자.

'1편 1사이다'에 도전하는 것보다 '잘 읽히는 고구마', '하차를 막는 고구마'를 영리하게 사용할 것을 추천한다. 가슴이 뻥 뚫리는 사이다와 함께!

 Small TALK

작가들 사이에서는 고구마란 평이 많은 작품이 오히려 매출이 높다는 이야기도 있다. 고구마를 적절히 사용하면 독자의 마음을 더욱 애태울 수 있다는 것!

절단신공이 뭐예요?

연독률 무조건 올리는 절단신공 7스킬

절단신공이란, '다음 편이 미칠 듯 궁금해서 읽지 않고는 못 배기게 하는 엔딩 기법'으로, 웹소설뿐만 아니라 웹툰, 애니메이션, 드라마 등에서 자주 사용된다. 으슥한 장소에 갇힌 남녀 주인공이 키스하기 직전이라거나, 사건 해결의 실마리를 거머쥔 순간 적에게 들켰다거나.

온갖 방법을 동원해서 독자가 다음 편을 결제할 수 있도록 유도하자. 마무리를 어떻게 하느냐에 따라서 연독률이 좌우된다. 연독률은 곧 매출이다. 전업 작가로 살아남으려면 필사적으로 연독률을 방어해야 한다!

연독률을 쭉쭉 올리는 절단신공! 어떻게 써야 할까? 그 전에 먼저 해야 할 것이 있다. 바로 한 편 5,000자 쓰기 연습이다.

"절단신공 가르쳐준다면서 글자 수는 왜 걸고 넘어져? 절단신공이랑 무슨 상관이라고!"

천만의 말씀! 절단신공을 발휘한다는 건 독자의 호기심을 자극하는 장면에서 끝낸다는 뜻이다. 원하는 장면에서 끊으려면 플롯을 잘 짜야 한다. 플롯에 맞춰 글자 수를 조절하는 법도 익혀야 한다.

어떤 편은 7,000~8,000자씩 쭉쭉 써지는가? 어떤 편은 3,800자 정도에서 끝나버리고? 꼭 5,000자에 맞춰 써야 하냐고 한탄하는 신인 작가들을 많이 봤다.

왜 편당 글자 수가 들쭉날쭉해질까? 스토리 흐름에 따라 회차를 나누기 때문이다. 작품을 쓰다 보면 이쯤에서 다음 편으로 넘어가고 싶은 지점이 생긴다. 그것이 매번 5,000자에 맞춰질 리 없기 때문에 길어졌다 짧아졌다 하는 거다.

"이어서 쭉 쓰다가 나중에 5,000자로 끊으면 안 되나요?"

곤란하다. 그러면 절단신공을 발휘하기 어렵다. 플롯을 전략적으로 배치하는 것도 힘들다. 습작 단계에서부터 5,000자 호흡을 익히는 것을 추천한다. 그래야 감이 온다.

"여기에서 사건 터뜨리고, 이쯤에서 한숨 돌리고, 마지막에서 크게 때려야지!"

전업 작가가 되려면 감을 빨리 잡아야 한다. 플롯 단계에서부터 대략 몇 글자 정도 쓸 건지 염두에 두면 좋다.

전투 씬에 1,500자, 부상 씬에 800자, 회복 씬에 2,000자와 같이 세세하게 짜라는 뜻은 아니다. 한 회차 플롯을 머릿속에 그러보고 대략 볼륨을 잡으라는 의미다. 가장 재미있고 쫀쫀하게!

'독자는 알콩달콩 러브씬을 좋아해!' 몇 회차 내내 러브씬만 쓸 텐가? 아무리 재미있는 이야기도 반복되면 지루해진다.

악센트를 줘야 할 곳, 편안하게 흘러갈 곳, 긴장감을 줄 곳 등등 한 편에서도 강약 조절을 해야 한다. 문장으로도, 플롯으로도! 5,000자에 맞춰 쓰는 깃도 그 연습 중 하나다.

글자 수는 어떻게 확인하냐고? 한글 프로그램을 쓴다면 [파일] – [문서 정보] 메뉴를 선택하여 [문서 정보] 대화상자를 열고 [문서 통계] 탭에서 '글자(공백 포함)'를 확인하면 된다. 단축키는 Ctrl+Q, I다.

네이버 글자 수 계산기를 활용해도 좋다. 보통 공백이 포함되어 계산된다.

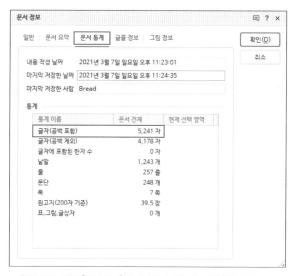

▲ 한글 프로그램의 [문서 통계] 탭에서 글자 수(공백 포함) 확인하기

5,000자 쓰기에 익숙해졌다고? 이제 절단신공을 배워보자.

절단신공의 기초 = 호기심 + 긴장 + 기대

궁금하게 만들어야 한다. 긴장감도 빼놓으면 안 된다. 기대심을 자극하면 더 좋다. 고구마와 사이다를 계산한 후 독자를 다음 편으로 끌어들이자.

플롯에 맞춰 스토리를 풀다가 4,500자부터 슬슬 긴장감을 조성해보자. 매 편마다 사건을 터뜨릴 필요는 없다. 평범한 대화, 밋밋한 에피소드 중에도 절단신공을 선보일 수 있다. 물 흐르듯 자연스럽게 독자를 유혹하는 일곱 가지 방법은 이렇다!

❶ 위기에 빠지면서 끝내기

오해, 고난, 갈등, 핍박, 장애 등 고구마를 먹이거나, 고구마를 먹을 것 같은 장면에서 끝내는 방법이다. 독자는 답답해하면서도 주인공이 이 난관을 어떻게 이겨낼지 궁금해한다.

> **예** 뒤도 안 보고 달렸다. 숨 쉴 때마다 폐가 찢어질 것 같다. 게이트만 열면 놈을 따돌릴 수 있다. 손을 뻗었다. 순간 지독한 통증이 발목을 휘감았다. 아뿔싸, 함정이었다!
>
> – 다음 편에서 계속

❷ 해결 직전에 끝내기

승리, 복수, 반격, 화해, 권선징악 등 사이다가 터지기 직전에 끝내는 방법이다. 사이다를 보여주고 끝나는 것보다 기대심을 한껏 자극하면서 회차를 마무리하는 게 좋다. 사이다를 보고 싶으면? 다음 편 읽으면 되니까.

> **예** "끝까지 발뺌해봐요. 그쪽이 훨씬 재미있으니까!"
>
> "그, 그게 무슨 소리냐!"
>
> 제국을 파멸로 몰아넣은 악녀가 쇳소리를 질렀다. 벌써부터 이러면 시시한데. 나는 피식 웃으며 고문 도구를 꺼냈다.
>
> "당신이 자백하는 걸 도와주려고, 몸과 마음은 물론 시간과 정성까지 바쳐서."
>
> — 다음 편에서 계속

❸ 질문형으로 끝내기

호기심을 끌어내는 데 질문만큼 간단한 도구가 없다. 질문형으로 끝내보자. 독자가 가장 궁금해할 법한 질문을 골라내자. 연독률이 상승할 것이다.

> **예** "무공을 전수해준다면서?"
>
> "해주려고 했지. 네 체질을 알기 전까지."
>
> "비열한 노인네! 거짓말하지 마!"
>
> "몰랐느냐? 네 몸으로는 무공을 절대 익힐 수 없다는 걸?"
>
> — 다음 편에서 계속

❹ 캐릭터 등장하면서 끝내기

캐릭터의 등장은 호기심과 기대를 동시에 자극한다. 사건의 전환을 뜻하기도 한다. 새로운 캐릭터여도 좋고, 기존 캐릭터라도 좋다. '니가 왜 거기서 나와?' 하는 순간에 끝내보자.

> **예** 우릴 둘러싼 공기가 한층 농밀해졌다. 그가 내게 뭘 원하는지 알고 있었다. 나도 그와 똑같은 걸 원했다. 그가 내 입술을 더듬었을 때 현관 도어락이 열렸다.
> "이제야 널 보게 되는구나."
> 하얗게 센 머리를 빈틈없이 올린 노부인이 입을 열었다. 사진으로만 봤던 그의 어머니였다.
>
> – 다음 편에서 계속

❺ 대답을 유보하면서 끝내기

질문에 바로 답하지 말고 한 템포 쉬어보자. 대수롭지 않은 장면에서도 절단신공을 발휘할 수 있다. 그냥 미루는 것뿐인데 독자는 호기심을 참지 못한다.

> **예** "딱딱한 호칭은 그만하지?"
> "그럼 뭐라고 부를까요? 오빠? 아저씨? 과장님?"
> "아니, 그런 거 말고!"
>
> – 다음 편에서 계속

❻ 선택의 순간에서 끝내기

도대체 어떻게 해야 할까? 캐릭터를 고민의 가운데에 빠뜨리면서 끝내보자. 고민이 중대하면 중대할수록 긴장감이 상승한다.

> 예 흑요석이 박힌 검을 선택하면 공간 이동 능력이 생긴다. 대신 태양을 마주 볼 수 없다.
>
> 혈옥이 박힌 검을 선택하면 사지가 잘려도 죽지 않는 치유력을 얻는다. 그러나 여인과 정사를 나눌 수 없다.
>
> 솔직히 치유력이 더 필요하다. 그렇다고 평생 동정을 지킬 수는 없잖아?! 나도 사지 건강한 남자인데!
>
> – 다음 편에서 계속

❼ 거대한 사건을 암시하면서 끝내기

이 사건 때문에 앞으로 거대한 일이 터질 것 같은 암시를 던지면서 끝내보자. 고구마를 암시해도 좋고, 사이다를 암시해도 좋다. 중요한 건 독자의 기대심을 사정없이 긁어대는 것이다. 긴장감은 절로 따라온다!

> 예 "진심이야? 내 눈 똑바로 보고 말해."
>
> "당연히 진심이지. 나 못 믿어?"
>
> "믿어. 그래서 더 실망할 것 같아!."
>
> 그가 시선을 발끝으로 떨어뜨렸다. 그때까지만 해도 몰랐다. 이 사소한 거짓말이 그와 나 사이를 송두리째 흔들게 되리란 것을.
>
> – 다음 편에서 계속

망한 것 같은데
어떻게 수정해야 하죠?

인기 없는 소설 되살리는 심폐소생 체크리스트

열심히 썼다. 그런데 조회 수가 안 나온다. 컨택도 없다. 공모전 내봤지만 떨어졌다. 투고도 돌렸지만 폭망이다. 버리고 새로 써야 하나? 싹 다 갈아엎어야 하나? 신인 작가의 시름은 깊어만 간다. 생때같은 내 작품, 그냥 버리기는 너무 아깝다. 이제 살길은 수정뿐이다. 수정은 어떻게 해야 할까? 다음의 체크리스트를 활용하여 하나씩 점검해보자.

문제점이 보인다면 과감히 수정해야 한다. 뼈를 깎는 고통이겠지. 신작으로 갈아타고도 싶겠지. 하지만 잘 쓰는 것만 필력이 아니다. 내 문제점을 객관적으로 짚어내고 잘 고칠 줄 알아야 한다. 그게 진짜 필력이다.

**장르가
확실한가?**

    남성향 작품이라면 주인공은 남성이어야 하고, 여성향 작품(BL 제외)이라면 주인공은 여성이어야 한다. 성별을 바꿔버리면 트렌드 키워드를 가져와도 마이너가 된다는 것을 기억하길.

    마이너 소재를 포기할 수 없다면 그 장르 독자가 원하는 최소한의 니즈를 충족시켜야 한다. 현대 로맨스인데 남주인공이 등장하지 않거나, 무협인데 남녀 사랑 이야기만 줄창 나오면 위험하다.

    장르가 선명한지 다시 한번 확인하자!

**타깃 독자가
명확한가?**

    같은 로맨스라도 30대 여성을 대상으로 하는 작품과 10대 여성을 대상으로 하는 작품은 다를 수밖에 없다.

    게임 시스템을 적용한 현대 판타지라면 게임에 익숙한 독자를 대상으로 할 건지, 게임에 관심 없는 독자도 이해할 수 있게 쓸 건지 정해야 한다. 타깃 독자에 따라 문장도, 어휘도 변하기 때문이다.

    주요 독자층을 분석했는가? 그들이 원하는 서술 톤을 잡았는가? 아니라면 수정하자.

**제목이
짜릿한가?**

    제목은 독창적이어야 한다. 작품을 압축하면서도 호기심을 불러일으켜야 한다. 안 되면 어그로라도 끌어내야 한다.

    유치한 제목도 상관없다. 제목으로 독자들의 시선을 사로잡자. 내용은 똑같은데 제목을 바꿔서 성공한 케이스도 가끔 있다.

작품 소개가 흥미로운가?	독자를 1화로 끌어들일 수 있게끔 온갖 방법을 동원하자. '이 소설 정말 재미있겠다!', '설정이 독특한데?'라는 생각이 저절로 들게끔 기대감을 불어넣어야 한다. 담담하고 무미건조한 작품 소개는 철저히 외면당한다. 인기 작품의 작품 소개를 참고해서 흥미롭게 수정해보자.
내 작품만의 특별함이 있는가?	트렌드를 따른다고 모든 소설이 잘 팔리진 않는다. 　잘 나가는 작품에서 뽑아온 비슷비슷한 소재를 재탕하지 말자. 익숙한 키워드를 가져왔다면 그 안에서 신선함을 불어넣어야 한다. 나만의 한방 없이 성공하는 작가는 없다. 작품 생활을 오래 하고 싶다면 작가만의 개성을 독자에게 각인시켜야 한다.

Small TALK

지나치게 창의적이라 외면받는 경우도 있으니 밸런스를 적당히 유지하자.

시점을 잘 잡았는가?	내 작품에 1인칭 주인공 시점이 어울릴지, 3인칭 전지적 작가 시점이 어울릴지 확인해보자. 1인칭 주인공 시점이 좋다고 해도 작가가 소화할 수 없다면 소용없다. 시점이 헷갈리는 서술이 있는지, 한 씬에서 시점이 너무 많이 전환되었는지 점검하자.
첫 화를 전략적으로 썼는가?	첫 화는 강력하고 전략적이어야 한다. 첫 화에서 작품의 매력을 발휘하지 못하면 독자는 떠난다. 　보여줘야 할 것도 많다. 주인공 등장시키고, 주요 설정 풀고,

앞으로 어떤 사건이 벌어질지 암시도 넣어야 한다. 씬을 몇 개로 쪼갤 건지, 시점은 어떻게 변화할 건지 플롯을 설계해보자. 지루하고 늘어지는 문장이 있다면 싹 걷어내길.

캐릭터가 매력적인가?

주인공뿐만 아니라 조연들도 인상적이고 매력적이어야 한다. 일관성도 있어야 하고 개성도 챙겨야 한다. 어디서 본 것 같은 인물이라면 수정하자.

너무 완벽하기만 한 캐릭터는 재미없다. 캐릭터의 약점도 매력이 될 수 있다는 걸 기억해야 한다. 조연, 악역에 신경 쓰는 것도 좋지만, 주인공보다 돋보이게 하면 안 된다.

주인공의 자격이 충분한가?

주인공이 수동적이고 고집스럽진 않은가? 우유부단해서 주위에 민폐만 끼치고 있는가? 주인공이 마음에 안 들면 독자는 소설에 몰입하지 않는다. 스토리를 끌고 가려면 주인공에게 충분한 자격과 능력을 부여해야 한다.

주인공의 목표도 명확하게 설정하자. 그래야 사건에 활력이 생기고 독자가 쉽게 감정이입할 수 있다. 주인공이 변화하고 성장하는 모습을 보여준다면 금상첨화다.

주인공의 비중이 너무 적지는 않은가?

주인공이 안 나오면 독자는 흥미를 잃는다. 스토리를 진행하기 위해 주인공의 분량을 줄이고 조연들만 등장하면 위험하다. 피치 못할 이유로 주인공 분량이 줄었다면 다른 인물을 통해 언급이라도 해줘야 한다. 독자들은 작가만큼 조연과 서브 스토리에 관심을 가지지 않는다.

한 편에 너무 많은 인물이 등장하지 않는가?

독자가 기억할 수 있는 인물은 한정되어 있다. 너무 많은 인물이 등장하면 산만해진다.

이름 없는 단역이라도 철저히 계산해서 넣자. 세 명의 조연이 비슷한 역할을 하고 있다면 그들을 대표할 수 있는 한 명만 남기자. 한 번 등장하는 엑스트라에게는 이름도 지어주지 말자.

너무 뻔하지 않은가?

줄거리를 예측할 수 있는 소설을 누가 읽을까? 캐릭터가 무슨 행동을 할지 뻔히 보인다면?

독자는 작가 이상의 전문가라는 걸 잊지 말자. 작가보다 더 많은 작품을 읽었을 수도 있다. 독자의 예상을 빗겨가며 반전을 터뜨리자. 식상함은 독이다.

사건이 적절한가?

자극적인 사건만 나열한다고 재미가 저절로 생기지 않는다. 전체 스토리에서 벗어나지 않는 선에서 사건을 유기적으로 발생시켜야 한다.

개연성을 상실하지는 않았는가? 한 화에 너무 많은 사건이 벌어지지는 않는가? 우연에만 기댄 사건, 분량 늘리기를 위한 에피소드 때문에 독자가 쉽게 지칠 수 있다는 것을 꼭 기억해야 한다. 떡밥을 뿌렸다면 착실하게 회수하자.

진행 속도가 적당한가?

진행 속도가 느려서 축축 처지는가? 너무 빨라서 대충 지나치는 것 같은가? 느린 것보다 빠른 것이 낫지만 중요한 것은 완급 조절이다. 장르와 스토리에 따라서도 달라진다. 긴장감을 유지하면서 속도감을 조절하자.

사이다는 가뭄, 고구마만 풍년인가?

고구마가 너무 길면 안 되고, 사이다가 미지근해도 안 된다. '주인공 굴리는 재미'에 너무 심취하지 말길. 고구마를 마구 먹였다면 이어질 사이다도 훨씬 더 강력해야 한다.

무작정 고구마를 기피할 필요는 없다. 독자는 고구마를 싫어한다지만, 갈등 없이 매번 사이다만 터뜨릴 수는 없는 노릇이다. 고구마와 사이다를 의식하면서 플롯을 점검하자.

가독성 있는 문장인가?

독자들의 관심사는 멋들어진 문장이 아닌 스토리다. 스토리를 잘 전달하려면 가독성부터 챙겨야 한다. 순문학을 연상시키는 문장, 지나치게 장황한 묘사는 환영받기 힘들다.

문장의 톤도 중요하다. 가독성을 기본으로 장르, 스토리에 찰떡처럼 맞는 톤을 찾아야 한다.

설명이 너무 많지는 않은가?

설명에 너무 많은 단어를 할애하지 않았는가? 그 부분이 지루하지 않은가? 지루한 소설을 견뎌주는 너그러운 독자는 없다. 과한 설명은 독이라는 걸 명심해야 한다.

세계관, 배경 지식, 자료 조사는 작가에게만 중요하다. 설명하지 말고 보여주라는 말도 기억하길.

**대사를
잘 활용했는가?**

대사만으로 스토리를 이해할 수 있도록 쓰자. 독자는 지문보다 대사를 좋아한다. 대사만 읽는 독자도 있다는 걸 기억하자.

대사가 너무 적지 않은지, 대사에 통통 튀는 매력을 담았는지 점검하자. 의미 없는 대사는 전부 들어내자.

**어려운 문장은
없는가?**

직관적이지 않은 문장은 가독성을 떨어뜨린다. 대충 훑어봐도 쏙쏙 이해되는 쉬운 문장을 쓰자. 겉멋 잔뜩 든 문장은 곤란하다. 문장이 아니라 이야기에 힘을 주자.

**비문, 오탈자,
의성어가 너무
많지는 않은가?**

정확한 문장은 작가의 기본기다. 신뢰도가 떨어지면 독자는 작가의 자질을 의심하고 작품을 포기한다. 짤, 준말, 유행어를 사용하는 것도 신중해야 한다.

**절단신공을
발휘했는가?**

뒷이야기가 궁금하지 않으면 독자는 떠난다. 최대한 호기심을 자극하면서 회차를 마무리하자. 어떤 문장에서 끝내야 가장 효과적인지 살펴보자. 호기심, 긴장감, 분노, 통쾌함 등등 뭐든 좋다. 독자를 다음 편으로 인도할 수만 있다면.

**읽기 좋게
수정했는가?**

똑같은 글도 매체가 변하면 다르게 보인다. 문장의 호흡도 달라진다. 노트북으로 볼 때, 폰으로 볼 때, 프린트해서 볼 때 전부 다르다. 다양한 방법으로 읽어보고 수정하는 것을 추천한다. 그리고 모바일 환경에서 어떻게 보이는지도 반드시 점검해야 한다!

완결이 끝이 아니다. 완결 후에도 할 일은 태산이다.

읽기 좋게 수정했는가? 출판사와 교정본을 주고받다 보면 폴더는 초고 → 1교 → 2교 → 3교 등등의 원고로 가득찬다.

각 플랫폼의 레이아웃을 참고해 조판 양식을 만들어 쓰는 것도 좋다. 많은 작가가 페이지당 행 수, 행 간격, 행당 글자 수, 글꼴 등을 최대한 비슷하게 만들어 두고 활용하고 있으니 그렇게 하는 것이 편할 수 있다.

조판 양식은 독자가 보는 모바일 환경이다. 같은 문장이라도 어떻게 보느냐에 따라 느낌이 크게 달라진다. 가독성을 높이려면 독자의 눈높이에서 써야 한다. 나는 카카오페이지의 조판 양식과 네이버 시리즈의 조판 양식을 번갈아 사용한다.

플랫폼마다 사용하는 글꼴이나 행갈이 규칙 등 디테일에 차이가 있다. 각각의 레이아웃을 미리 적용해 독자들에게 어떻게 보일지 파악하자.

> 자포자기하는 심정으로 물었다.
>
> 흐르는 눈물 빛에 세드나 공작의 얼굴이 흐릿했다.
>
> "날 기억하지 못하는가?"
>
> "저는 각하를 모릅니다."
>
> "나는 그날 이후로 단 하루도 편히 쉰 적 없었다."
>
> "그날이라니요?"
>
> "한 달 전. 그대가 내 것을 훔쳐 간 날. 이래도 시치미를 뗄 건가?"
>
> 그의 물음이 매서워졌다.
>
> 온몸에 소름이 돋았지만 모르는 것을 안다고 할 수 없는 노릇이었다.
>
> "무슨 말씀이신지 모르겠습니다."
>
> - 1 -

> "잊은 척도, 잊은 것도 용서하지 못한다."
>
> "네?"
>
> "결혼은 관두기로 하지."
>
> 듣기 좋은 저음이라고 생각했다.
>
> 그가 내 가슴을 둘로 가르기 전까지.
>
> "아……!"
>
> 탄식과 함께 심장에서 피 분수가 치솟았다.
>
> 그때까지 나는 무슨 일이 벌어졌는지 몰랐다.
>
> 통증을 느낄 겨를이 없었다.
>
> 새빨간 피로 젖은 세드나 공작의 손이 천천히 빠져나갔다.
>
> 틈만 나면 발작하던 심장이 그 손 위에 있었다.
>
> 그가 차갑게 읊조렸다.
>
> - 2 -

▲ 네이버 시리즈의 조판 양식

자포자기하는 심정으로 물었다.

흐르는 눈물 탓에 셰드나 공작의 얼굴이 흐릿했다.

"날 기억하지 못하는가?"

"저는 각하를 모릅니다."

"나는 그날 이후로 단 하루도 편히 쉰 적 없었다."

"그날이라니요?"

"한 달 전, 그대가 내 것을 훔쳐 간 날. 이래도 시치미를 뗄 건가?"

그의 물음이 매서워졌다.

— 1 —

온몸에 소름이 돋았지만 모르는 것을 안다고 할 수 없는 노릇이었다.

"무슨 말씀이신지 모르겠습니다."

"잊은 척도, 잊은 것도 용서하지 못한다."

"네?"

"결혼은 관두기로 하지."

듣기 좋은 저음이라고 생각했다.

그가 내 가슴을 둘로 가르기 전까지.

— 2 —

▲ 카카오페이지의 조판 양식

갓 시작한 초보 작가라면 주변 사람들에게 감평을 부탁해보자. 모든 의견을 받아들일 필요는 없지만, 같은 지적이 반복된다면 고치는 편이 낫다.

 Small TALK

새로운 질문을 더해 나만의 체크리스트를 완성해도 좋다.

퇴고 체크리스트

분야	질문	perfect	not good	bad
독자 분석	장르가 확실한가?			
	타깃 독자가 명확한가?			
	플랫폼이 적당한가?			
독자 유입	제목이 짜릿한가?			
	작품 소개가 흥미로운가?			
	최선의 표지인가?			
	업로드 시간이 효과적인가?			
	연독률이 괜찮은가?			
소 재	내 작품만의 특별함이 있는가?			
	너무 뻔하지 않은가?			
플 롯	진행 속도가 적당한가?			
	기승전결 구조를 갖췄는가?			
	사이다는 가뭄, 고구마만 풍년인가?			
등장 인물	등장인물의 매력을 어필했는가?			
	공감할 수 있는 주인공인가?			
	주인공 비중이 너무 적지는 않은가?			
	한 편에 너무 많은 인물이 등장하지 않는가?			
문 장 가 독 성	웹소설에 적당한 문장인가?			
	설명이 너무 많지는 않은가?			
	대사를 잘 활용했는가?			
	어려운 문장이 있는가?			
	비문, 오탈자, 의성어가 너무 많지는 않은가?			
마 무 리	절단신공을 발휘했는가?			
	읽기 좋게 수정했는가?			

3장

계약부터 수익까지,
웹소설 작가의 모든 것

억대 수익을 꿈꾼다고요?
조회 수 올리는 연재 기술부터
계약서 확인하는 법까지 함께 알아봅시다.
전업 작가를 위한 실전 비법만 모았습니다.

웹소설, 어디에 올려요?

플랫폼 파헤치고 무료 연재 시작하는 법

"웹소설 썼는데 어디에 올려야 해요?"

신인 작가가 자주 하는 질문 BEST 3 중 하나다. "플랫폼 추천해주세요.", "어디에서 시작해야 유리한가요?" 플랫폼 선정부터 막막해하는 경우가 많다.

화끈한 시놉시스가 완성됐다고? 비축 원고도 10~20편 정도 모았다고? 그럼 이제 독자와 직접 만나야 할 때다!

무료 연재 플랫폼은 생각보다 많다. 플랫폼마다 성향과 독자층이 다르므로 전략적으로 선택해야 한다. 내 상품이 펑크록 스타일의 라이더 재킷이라면 아동복 가게나 인사동 한복 매장에 걸어놓으면 안 된다. 내 고객은 거기 없기 때문이다.

딱 한 군데에만 연재하라는 뜻은 아니다. 무료 연재는 같은 작품을 여러 플랫폼에서 동시 연재할 수 있다.

네이버 웹소설

- 여성향 ★★★★★
- 현대 로맨스 ★★★★★
- 로맨스 판타지 ★★★★

네이버 웹소설은 전반적으로 여성향 장르가 강세인 플랫폼이다. 현대 로맨스가 주류였지만, 로맨스 판타지 작품도 크게 늘었다. 판타지 독자를 끌어오기 위한 시도도 계속되고 있다. 사극 로맨스를 연재하기에도 좋다.

신인 작가는 '챌린지리그'에서 무료 연재할 수 있다. 심사를 통해 네이버 측에서 '베스트리그'로 승격시켜준다. 베스트리그에 오르면 표지도 바꿀 수 있고, 유료 전환도 가능하다. 하지만 베스트리그에서 유료 전환은 추천하지 않는다. 돈도 안 되고,

투고 및 공모전 참여에서 불리하기 때문이다. 아직까지 베리그 에는 돈 내고 보는 독자가 많지 않다. 유료 판매작은 공모전에서 받아주지 않는다.

무료 연재에서 인기를 끌면 '네이버 웹소설의 꽃'이라고 부르는 '시리즈 에디션(구 오늘의 웹소설)' 정식 연재 작가가 될 수도 있다. 그 유명한 『재혼 황후』도 무료 연재인 챌린지리그 출신이다.

정식 연재 작가는 매달 안정적인 고료를 받는다. 미리 보기 수익도 따로 가져간다. 전담 일러스트레이터가 붙는 것도 빼놓을 수 없는 장점이다. 표지, 삽화에 이끌려 웹소설을 읽는 독자가 의외로 많다. 다만 최근에는 일러스트를 제외하거나, 점차 줄이는 방향을 논의 중이라고 한다.

문제는 챌린지리그에서 살아남기가 하늘의 별 따기라는 거다. 수많은 작품이 올라오기 때문에 묻히기도 쉽고, 조회 수 & 관작 모으기도 어렵다. 오죽하면 '헬린지리그'라고 부르겠는가?

여성향 작가라면 네이버를 포기해선 안 된다. 수많은 출판사 에디터가 상주하고 있기 때문이다. 챌린지리그에서 컨택 받고 출간하는 작가가 매우 많다.

네이버 정식 연재 작가가 되고 싶다고? 챌린지리그에서 승격하는 것 말고 다른 길도 있다.

❶ 네이버 웹소설 공모전에서 수상한다.

매년 네이버 '지상최대 웹소설 공모전' 요강이 뜨기만을 기다리는 작가가 수없이 많다. 어마어마한 상금과 정식 연재 기회, 웹툰화 등등 네이버 공모전 수상은 많은 작가의 꿈이다. 연재형이었다가, 투고형이었다가, 지금은 다시 연재형으로 돌아왔다. 연재형일 때는 누적 조회 수와 독자 투표가 무엇보다 중요하다.

❷ 출판사를 통해 정식 연재 심사를 본다.

출판사와 출간 계약한 후 네이버 심사를 넣을 수 있다. 나도 『꿈꾸듯 달 보듬듯』이란 작품을 출판사를 통해 정연 심사에 넣었다. 무려 5개월을 기다렸는데 탈락! 슬프게도 왜 떨어졌는지 가르쳐주지도 않는다. 심사에 떨어졌다고 끝이 아니다. 시리즈 '매일열시무료'나 '타임딜' 역제안이 오기도 한다. 선택은 작가의 몫이다.

❸ 작가가 직접 정식 연재 심사를 본다.

출판사와 계약할 필요 없이 작가가 직접 심사를 볼 수 있다. 시놉시스, 5화 이상의 완성된 원고, 작가 경력을 이메일로 보내면 된다. 네이버 측에서 자격을 제한하기 때문에 아쉽지만 신인 작가는 참여가 불가능하다.

네이버 웹소설 개인 투고 요건은 다음과 같다.

Small TALK

메일 주소는 nbooksmaster@naver.com이다.

Small TALK

『최애 대신 폭군을 유혹하겠습니다』(2022)는 작가 직투고로 성공한 케이스. 출판사와 정산할 필요가 없으니 작가 몫이 커진다. 이 작품은 시리즈 매열무로 선런칭한 후. 시리즈 에디션에서 연재중이다. 원고료 + 선인세로 쏠쏠하게 벌었다는 사실!

1. **최소 한 질 이상의 장편 소설을 종이책으로 출간했거나 e북 발행 경험이 있는 작가의 작품**
2. **온라인 소설 연재 사이트에서 한 작품 이상 완결작 정식 연재를 한 경우**

둘 중 하나만 충족되어도 투고 가능하다. 심사에 떨어지더라도 희망을 잃지 말 것. 네이버 자회사인 엔픽에서 역제안이 오기도 한다. 엔픽 직계약 작품은 네이버 시리즈 '매일열시무료' 프로모션에 심사 없이 입점할 수 있다. 특별한 이유가 없다면.

판타지, 로맨스, 로맨스 판타지 분야가 골고루 흥하는 편. 랭킹을 살펴보면 어떤 작품이 잘 팔리는지 알 수 있다. 오랫동안 상위 랭크에 고정된 작품도 적지 않다.

 Small TALK

네이버 웹소설 정식 연재는 예전에는 편당 7,000자였으나 5,000자 내외로 조정되었다. 시리즈는 4,500자, 카카오는 4,200~4,500자 수준으로 점차 줄어드는 추세.

카카오페이지

- 여성향 ★★★★★
- 남성향 ★★★★★
- 로맨스 판타지 ★★★★★
- 판타지 ★★★★★

카카오페이지는 여성 독자, 남성 독자 모두 바글거리는 초대형 플랫폼이다. 아마추어 작가를 위한 공간은 없었으나, 흐름에 발맞춰 '카카오페이지 스테이지'라는 무료 연재 공간이 생겼다. 단, 카카오페이지에서 정식으로 유료 판매하려면 여전히 출판사와 출간 계약을 해야 한다.

여성향에서는 로맨스 판타지 매출이 특히 좋다. 로판 작가들은 '타 플랫폼 무료 연재 → 출판사 계약 → 카카오페이지 프로모션 심사 → 카카오페이지 입점' 코스를 노린다. 남성향 작품 중에서는 무협보다 판타지가 잘 팔린다.

24시간, 혹은 12시간에 한 편을 무료로 볼 수 있는 프로모션을 처음 도입했다. 웹소설에 관심이 있다면 한 번쯤은 들어봤을 '기다리면무료'다.

'기다무에 들어가면 기본 2,000만 원은 번다'는 소문이 떠돈다. 예전만 못하다고 해도 기다무는 카카오페이지의 주력 프로모션이다. 기다무 작품과 타 프로모션 작품의 노출 정도는 천지차일 뿐만 아니라 독자 수도 비교하기 힘들 만큼 차이가 크다.

Small TALK

뜬소문은 아닌 듯하다. 나도 데뷔작 『세자빈의 발칙한 비밀』을 기다무로 론칭해 3,000만 원 이상 벌었으니까.

매출이 훌륭하기 때문에 작가도, 출판사도 기다무 심사에 통과하길 바란다. 출판사를 고를 때 '이 출판사가 기다무 작품을 얼마나 많이 냈는지. 중박 이상 친 작품은 얼마나 되는지'를 살펴보는 작가도 있다. 계약서에 사인하기 전에 "제 작품 기다무 심사 넣어줄 수 있나요?" 묻는 작가도 많다.

물론 기다무에 회의적인 작가도 있다. 독자가 무료로 보는 회차는 매출에 잡히지 않기 때문이다! '내 작품 공짜로 보여주면서 플랫폼이 왜 생색이야? 웹소설은 무료로 보는 거란 인식이 생기면 누가 책임질 건데?'라는 입장이다.

유료 전환에 능수능란한 남성향 작가들은 기다무에 연연하지 않는다. '무료로 보여주지 않아도 재미있으면 매출은 나온다!'는 믿음이 있는 듯하다. 난 이런 믿음과 자신감이 몹시 부럽다.

이렇기에 여성향 작가, 특히 로판 작가들은 3~6개월 걸리는 기다무 심사를 마다하지 않는다. 6개월 후 탈락하는 일도 허다하고, 통과해도 론칭 순서를 기다려야 한다. 그렇지만 최근에는 심사 기한이 단축되어 3개월이 넘어가지는 않는다는 소문.

기다무보다 파워가 약하지만, 기한무도 있다. 기한무는 기다무의 하위 프로모션으로, 기다무 심사에 탈락했을 때 기한무 역제안이 오기도 한다. 비교적 심사 기간이 짧은 '독점연재' 프로모션도 존재한다. 대여권 1~3개를 제공하는 '선물함'에 들어가면 독자 수가 가파르게 늘어날 뿐만 아니라 독점 연재에서 잘 팔리면 기다무로 승격되기도 한다. 매출은 진리의 작바작(작가 바이 작가).

카카페 독점 연재보다 시리즈 매열무가 낫다는 작가도 있지만, 장르, 작풍, 트렌드 등 여러 변수가 존재한다. 플랫폼별 프로모션은 자주 바뀌고 각종 이벤트도 많다. 아무래도 매출이 잘 나오는 작품, MD 눈에 띈 작품, 네임드 작가 작품이 더 많이 노출된다.

Small TALK

무료 연재 성적이 우수하다면 심사 기간은 단축된다.

문피아

• 남성향 ★★★★★

• 판타지, 무협, 퓨전, 스포츠 ★★★★★

남성향을 쓴다면 문피아 무료 연재는 기본 중의 기본이다. 최신 판타지 무협 트렌드는 문피아에서 시작한다고 해도 과언이 아니다.

헌터, 아포칼립스, 경영, 재벌, 연예인 장르도 좋다. 남성향 작품으로 돈 벌고 싶은 당신, 문피아로 가시라! 하지만 여성향 작품은 맥을 못 춘다. 로맨스 공모전을 하긴 하는데… 여성 독자들도 문피아에서는 남성향 작품만 본다.

네이버, 조아라와 마찬가지로 무료 연재 게시판이 활성화되어 있다. 신인 작가는 회원 가입 후 '내 서재'에서 '작가 프로필'을 작성한 후에 '작품 등록'을 할 수 있다.

신인 작가는 '자유 연재' 게시판에서 시작해야 한다. 75,000자 이상 글을 올린 경우 '일반 연재'로 승급할 수 있다.

Small TALK

'자유 연재' 글은 바로 묻힌다고 봐야 한다. 그러니까 어떻게든 75,000자 조건을 충족시키고 '일반 연재'로 승급한 후 진짜 연재를 시작하자.

일반 연재보다 노출이 좋은 '작가 연재'는 종이책, e북 등 두 질 이상의 소설을 출간하고 완결한 작가만 신청할 수 있다. 차기작을 문피아에 독점 연재할 경우 완결작이 한 질뿐이어도 작가 연재란에 들어갈 수 있다.

문피아도 조아라처럼 투데이베스트에 올라야 독자 유입이 확 띈다. 그러므로 투베 오르는 법을 철저히 연구하고 연재하길 추천한다. 투베는 최신 24시간 동안 조회 수 1위부터 103위까지의 작품을 보여주고, 조회 수를 반영해서 랭킹을 변경한다.

독자가 많이 몰리는 출·퇴근 시간대에 업로드하는 것도 좋은 방법이다. 하지만 네임드 작가가 업로드할 때는 피하는 게 좋다.

제목은 '낯간지럽게 이런 제목을 써야 해?', '아무리 그래도 이건 너무 심하잖아?' 싶을 정도로 써야 한다. 어그로 끄는 것도 두려워해서는 안 된다. 유치해도 일단 독자의 눈길을 사로잡는 것이 중요하다. 신인 작가라면 더욱 그렇다.

하루에 한 편 이상씩 꾸준히 연재하면서 관작을 모아보자.

관작이 안 붙는다고 섣불리 연참하지 말길. 일정 수준의 관작을 모은 후 투베를 노리는 것이 가장 효과적이다.

문피아는 독자 연령대가 비교적 높은 편이다. 댓글은 안 달아도 유료 결제에 스스럼없는 독자가 많다. 관작 수, 연독률 모두 좋다면 유료 전환해보자. 문피아는 유료 연재로 흥한 작가가 많다. 남성향 작가라면 문피아에서 무료 독자를 모으고 유료 전환해서 완결까지 내보내는 걸 추천한다. 그래야 레벨업할 수 있다!

리디북스

- 여성향 ★★★★★
- 로맨스 ★★★★★
- BL ★★★★★
- 19금 ★★★★★

리디북스는 전자책 서점 느낌이 강한 플랫폼이었지만, 최근에는 놀라운 성장세를 보이고 있다. 여성향, 19금 로맨스, BL 장르가 강세다. 플랫폼이 흥행하면서 다양한 장르의 작품이 론칭되고 있다. 카카오페이지와 마찬가지로 '자유 연재' 게시판은 없지만, 자체 투고는 받는다.

19금 로맨스, BL의 경우 네임드 작가와 독자가 모두 많기 때문에 리디 프로모션 심사를 따내는 게 쉽지 않다. 특히 메인 배너가 들어가는 '리다무', '오늘 리디의 발견' 심사는 까다롭기로 유명하다.

Small TALK

예전에는 타 플랫폼 독점 기간이 끝난 후 리디북스에서 2차 프로모션을 받는 분위기였는데, 요새는 사뭇 달라졌다. 최초 공개라도 프로모션 경쟁이 치열하다.

리디북스는 고정 독자를 거느린 기성 작가들의 활약이 두드러지는 플랫폼이지만, 신인에게는 별점도, 댓글도 가차 없다는 편.

멘탈 관리를 위해서 리디북스 댓글을 보지 않는 작가가 많다. 나도 리디에서 '작가가 필력도 없으면서 벌려만 놨네. 돈 아깝다.'는 댓글을 보고 3일 동안 식음을 전폐했다. 독자를 만족시키지 못한 내 탓이지만, 그 뒤로 리디북스 댓글을 보기 전엔 심호흡을 오래 한다. 아예 안 볼 때도 있고.

조아라

• 여성향 ★★★★★

• 남성향 ★★★

• 로맨스 판타지 ★★★★★

• 19금 ★★★★★

• 판타지, 퓨전 ★★★

조아라는 신인 작가의 천국이라 할 만큼 무료 연재 게시판이 활발한 플랫폼이다. 독자와 작가가 모두 많다 보니 출판사 관계자들도 눈여겨본다. 예전만 못하다는 평이 많지만, 결코 소홀히 할 수 없는 플랫폼이다.

무료 연재를 하고 싶다면 회원 가입하고 '마이 페이지'에서 '새 작품 등록'을 하면 된다. '노블레스', '프리미엄' 등 유료 전용 카테고리와 무료 표지가 있고, 자작 표지, 커미션 표지도 가능하다.

로맨스 판타지 무료 연재를 시작한다면 조아라를 빼놓으면 안 된다. 조아라에서 인기를 끌면 대형 출판사의 러브콜이 쏟아진다. 카카오페이지 기다무 심사에서도 조아라 무료 연재 성적이 큰 비중을 차지한다.

선작이 높은 초인기 작품은 심사도 초고속으로 끝난다. 역시 인기가 좋긴 좋다. 선작이 조금 못 미쳐도 좌절할 필요 없다.

내가 조아라에서 『완결 후 에반젤린』을 무료 연재했을 때 선작 1만 정도였다. 나쁘진 않지만, 그때 기준으로 대박은 아니었다. 댓글과 추천 덕에 신나서 연재했던 기억이 난다. 정식 출간을 응원해주고 카카페까지 따라와준 독자도 많았다.

그 덕일까? 선물함 프로모션을 받았던 『완결 후 에반젤린』이 기다무로 승격되었다. 내 일처럼 기뻐해주는 독자가 얼마나 많던지. 그 마음에 보답하고 싶어서 출판사의 양해를 구했다. 조아라에서 완결까지 무료 연재해도 되겠느냐고. 유료 판매에 나쁜 영향을 줄 게 뻔했지만, 출판사에서 너그럽게 이해해줬다. 독자들도 즐거워했고, 나도 매우 만족스러웠다. 하지만 그 뒤로 전 회차 무료 공개한 작품은 없다. 작가는 직업이고, 작품은 밥줄이다. 평생 무료 연재만 하면 작가는 굶어야 한다.

무료 연재 플랫폼 독자의 서운함도 이해는 된다. 무료로 보던 작품이 인기 끌면 바로 타 플랫폼으로 넘어가니까. '우린 베타테스트야, 뭐야? 이용만 하고 빠지잖아?' 그런 마음도 생기는 거다. 만약 출간 때문에 무료 연재를 중단해야 한다면 독자에게 충분히 이해를 구하길 바란다.

그렇다면 조아라 선작을 모으려면 어떻게 해야 할까? 머리 싸매고 투데이베스트를 공략해야 한다. 조아라는 작품 분량, 조회 수, 추천 수, 선호 작품 수 등 다양한 점수를 합산하여 베스트 지수를 산정한다. 베스트 지수가 높은 작품 1위부터 100위까지 투베에 오른다. 문피아와 마찬가지로 투베에 오르면 많이 노출되고, 독자가 늘면서 계속 상위 성적을 유지하는 구조다.

1편부터 투베에 오를 순 없다. 투베 집계되는 건 20편부터이고, 베스트 지수는 매일 자정에 초기화된다. 20화를 올릴 때가 제일 중요하다. 보통 투베를 노릴 땐 자정에 맞춰 연참한다. 선작을 모아 투베에 도전하자. 작품이 좋더라도 공략 요일, 대진운에 따라 성적은 갈릴 수밖에 없다.

투베 첫 페이지라고 부르는 20위 안에 들었다면 연참으로 순위를 더 올려보자. 물론 그런 거 안 하고 투베 1위 찍는 작품도 있다.

투베에 들지 못했다면 인기 작가들이 점령하고 있는 자정은 피하는 것이 좋다. 대신 출·퇴근 시간, 새벽 시간을 노려 독자들의 시선을 끌어야 한다.

Small TALK

글자 수는 자유지만, 베스트 지수를 높이기 위해서 편당 14KB(5,500자 내외)에 맞추는 작품이 많다.

- 여성향 ★★★★★
- 현대 로맨스 ★★★★★
- 19금 ★★★★★

북팔은 여성향, 특히 19금 현대 로맨스가 강세인 플랫폼이다. 덕분에 유료 연재도 활성화되어 있다. 출판사가 직접 운영하는 플랫폼이라 자체 투고도 받는다. '내 작품' → '작품 목록' → '새 작품 쓰기'로 연재를 시작할 수 있다.

북팔에서는 작가 등급이 다양하게 나뉘어져 있다. '일반 작가'로 시작해서 1종을 완결하면 '성실 작가'가 되고, 3종을 완결하면 '인기 작가'로 승급한다. '프로 작가'는 북팔 선공개 3종이 필요하다. 전속 매니지먼트 계약을 맺으면 '추천 작가'가 되고, 전월 매출 1위를 기록하면 '스타 작가'가 될 수 있다.

작품 업로드 방법을 모르겠다면 '북팔 작가 홈 이용법'을 살펴보자. 19금 작품이 많다 보니 '본문 검수 가이드'까지 따로 나와 있다. 범죄 미화, 아동법 위반, 근친상관, 수간 소재는 절대 게시할 수 없다. 제목이나 표지 수위도 적정선이 정해져 있다. 19금 작품을 계획 중이라면 이러한 사항을 잘 참고하자.

무료 연재 후 컨택 및 투고를 노릴 것인지, 유료로 전환할 것인지 결정해야 한다. '내일도 무료', '3일만 무료' 프로모션이 인기다.

 Small TALK

글자 수는 자유지만, 5,000자에 맞추는 것이 정식 출간할 때 편하다. 유료인 경우 너무 짧으면 독자의 항의를 받을 수 있다.

로망띠끄

· 여성향 ★★★★★

· 현대 로맨스 ★★★★★

· 19금 ★★★★

로망띠끄는 출판, 유통, 판매를 함께하는 플랫폼으로, 여성향, 현대 로맨스 장르가 강하다. 플랫폼 자체 출판사가 있어서 컨택도 많이 하는 편이다.

명성은 예전만 못하지만, 로망띠끄 특유의 분위기가 좋다는 작가가 많다. 다만 '걸음마 작가'에서 시작해야 하는 신인 작가에겐 장벽이 좀 높을 수 있다. '일반 작가'로 가려면 한 작품 이상 완결해야 한다. 명예 작가가 되면 기본 조회 수는 먹고 들어간다. '걸음마 작가' 방에서 컨택 받고 출간하는 작품도 많다.

Small TALK

현대 로맨스를 쓴다면 네이버와 로망띠끄 자유 연재를 추천한다. 네이버와 비교하면 독자 연령이 높은 편이다.

웹소설 시장은 역동적이다. 소개한 플랫폼 중엔 예전의 명성만 못하다는 평을 받는 곳도 있다. 천년만년 잘 나갈 것 같던 플랫폼에 암전이 찾아오기도 한다. 하지만 언제 어디서 샛별이 등장할지 모른다. 지금도 다양한 웹 소설 플랫폼이 런칭 준비 중이다. 내 작품을 더 빛나게 해 줄 플랫폼은 어디일지, 목 좋은 자리를 찾는 농사꾼의 눈으로 탐색을 시작하자!

02

조회 수, 어떻게 올려요?

100만 다운로드를 향한 특급 꿀팁

"사랑의 반대는 증오가 아닌 무관심이다."

- 엘리 비젤(Elie Wiesel) -

웹소설 작가에게 독자의 무관심은 치명적이다. 악플보다 무플이 무섭다는 말이 괜히 있는 게 아니다.

손톱 물어뜯으면서 열심히 쓴 작품이 망하면 이루 헤아릴 수 없을 만큼 상처가 크다. "왜 내 소설은 재미없는가! 왜 나는 재능이 없는가!" 외치기 전에 뒤돌아보자. 재미가 없는 게 아니라 접근이 잘못된 것일 수도 있다.

100만 다운로드의 첫걸음은 문제를 찾아 수정하는 것이다.

플랫폼부터
점검하자

일단 내 장르에 맞는 플랫폼을 선택했는지 확인해보자. 현대 판타지를 북팔에 올려봤자 관심을 끌지 못한다. 문피아에서 BL로 흥하는 것도 불가능하다.

내 장르에 딱 맞는 플랫폼을 골랐는데도 반응이 없다고? 연재처가 너무 적을 수도 있다. 최대한 많은 사람이 볼 수 있도록 다양한 플랫폼에서 연재해보자.

A 플랫폼을 주로 이용하는 독자와 B 플랫폼에 상주하는 독자는 반드시 일치하지 않는다. 한 달에 10만 원 이상 결제하는 헤비 유저들은 자주 가는 플랫폼이 거의 정해져 있다. 그러므로 남성향은 문피아, 여성향은 네이버를 기본으로 브릿G, 톡소다 등 연재처를 늘려보자.

플랫폼마다 순위를 집계하는 방식이 다르다. 내 작품이 어디에서, 어떻게 터질지는 아무도 모른다.

Small TALK

마이너 장르라면 더욱 다양한 플랫폼에서 동시 연재하는 것을 추천한다.

플랫폼 독자 반응도 놓치지 말아야 한다. 어떤 회차를 유독 좋아하는지, 어떤 상황에서 욕을 하는지 댓글을 통해 작품을 점검해보자. 독자 의견을 모두 받아들일 필요는 없다. 하지만 여러 번 반복되는 비판은 수용하는 게 좋다.

댓글로 비평한다는 건 작품에 애정이 있다는 뜻이다. 애정 없는 독자는 말없이 떠난다. '이만 하차합니다.'라는 댓글을 남기는 독자의 심리는? 재미있을 줄 알고 기대했는데, 작품에 실망했다는 걸 (굳이) 표현하는 거다.

제목, 작품 소개를 바꿔보자

1화 조회 수가 잘 나오지 않는다면 표지, 제목, 작품 소개가 매력적이지 않다는 뜻이다. 최고급 커미션 표지를 만들기 전에 제목과 작품 소개를 바꿔보자. 제목과 작품 소개의 중요성은 이미 여러 번 강조했다.

설정 나열에 그치는 작품 소개는 매력 없다. 어디서 본 것 같은 뻔한 작품 소개도 독자를 사로잡지 못한다. 대화도 섞고, 유머도 섞어보자. 어그로도 화끈하게 끌 줄 알아야 한다.

유명 작품의 작품 소개를 참고해서 여러 컨셉으로 써보자. 물론 단순히 제목, 작품 소개의 문제가 아닐 수도 있다. 소재가 너무 낡았거나, 문장이 깔끔하지 못하거나, 캐릭터가 비호감이거나… 그래도 포기하기는 아직 이르다.

필력은 하루아침에 늘지 않는다. 필력이 늘 때까지 똥망 조회 수를 버티는 것도 중요하지만, 필력을 커버할 수 있는 다양한 스킬도 부지런히 연구해야 한다. 제목 짓는 연습과 작품 소개 쓰는 연습도 그중 하나다.

연독률만이 살길이다

작품을 꾸준히 읽는 독자의 비율은 매출과 직결된다. 그러면 어떻게 연독률을 높일 수 있을까? 연독률을 방어하는 방법은 뭘까? 기성 작가들은 항상 연독률을 고심한다.

1화보다 2화 조회 수가, 2화보다 3화 조회 수가 떨어지는 건 자연스럽다. 10화까지 비슷비슷한데, 11화 조회 수가 뚝 떨어져서 회복이 안 된다? 10화에서 연독률 방어에 실패한 것이다. 이 경우에는 10화로 돌아가 무슨 일이 생겼는지, 독자들이 내 작품을 포기한 이유가 뭔지 문제점을 찾아야 한다.

Small TALK

독자는 단순히 재미없다고 하면 그만이지만, 작가는 왜 재미가 없는지 치밀하게 분석해야 한다.

스토리 진행이 지루한가? 캐릭터가 매력을 발휘하지 못했는가? 조연만 활약하는가? 불쾌한 설정이 있는가? 배경 설명이 지루한가? 차례차례 확인해보자.

가장 중요한 것은 독자에게 '앞으로도 재미있는 이야기가 계속된다'라는 기대감을 주는 것이다. 사이다를 터뜨리는 건 좋지만, 주인공이 단숨에 성장하거나 어마어마한 성공을 거둬버리면 뒷이야기에 힘이 빠진다. 로맨스도 마찬가지다. 남녀 주인공이 초반부에 아무런 방해도 없이 사랑을 이루면 후일담은 더 이상 궁금하지 않다.

웹소설은 점점 길어지는 추세다. 판타지는 말할 것도 없고 로맨스 쪽 경향도 그렇다. 회차가 길어질수록 연독률 방어가 힘겨워진다.

초반에 재미있는 작품은 많다. 신선한 설정 위에서 매력적인 캐릭터를 뛰놀게 하면 20~30편은 쭉쭉 써진다. 하지만 문제는 중후반이다. 어떻게 해야 독자의 기대감을 유지하면서 에피소드를 잘 풀어갈 수 있을까?

1. **떡밥을 골고루 뿌려라.**
2. **절단신공을 적절히 사용해라.**
3. **문제를 한 번에 해결하지 마라.**
4. **플롯에 강약을 분배해라.**
5. **지루한 부분은 삭제해라.**

분량 늘리려고 질질 끄는 소설을 참아주는 독자는 없다. 다음 편이 궁금하지 않은 소설을 결제하는 독자도 없다.

연독률을 좌우하는 '절단신공'에 대해서는 167쪽에서 자세히 이야기했다. 이 부분은 두 번 보자.

업로드 시간대가 문제일 수 있다

독자가 유입되지 않는다면 업로드 시간을 바꿔보는 것도 좋다. 주요 타깃 독자가 20~30대 직장인이라면 출·퇴근 시간대를, 청소년을 대상으로 쓴 작품이라면 등·하교 시간대를 노려보자. 반면 아무도 작품을 올리지 않는 새벽을 공략하는 작가도 있다. 내 독자들이 어떤 시간대, 어떤 요일을 좋아하는지 찾아보자.

투베를 노릴 때도 타이밍이 중요하다. 어떤 작가는 투베로 공략하기 전에 분석부터 시작한다. 어떤 작품이 선작 몇일 때, 무슨 요일, 몇 연참으로 투베에 들었는지 확인해보는 것이다.

물론 공식은 없다. 필력도 중요하고, 운도 크게 작용한다. 중요한 것은 내 작품을 살리기 위해 뭐든 해보는 자세다. 조회 수 얼마 안 나온다고 연재 중단하지 마시라. 완결 한 번 못해본 작가는 영원히 작가 지망생에 불과하다.

출판사, 어디가 좋아요?

내 작품에 딱 맞는 출판사 고르는 법

　　출판사만 작가를 고른다? 천만의 말씀! 작가도 출판사를 고를 줄 알아야 한다. 그것도 아주 샅샅이 살펴봐야 한다. 어떤 출판사와 계약하느냐에 따라 매월 통장에 꽂히는 인세가 달라질 수 있다!

　　소규모, 1인 출판사가 꾸준히 증가하고 있다. 웹소설 계도 마찬가지다. 사방에 컨택 메일을 뿌리는 신생 출판사가 부쩍 많아졌다.

　　🧑‍🦰 **출판사** : 작가님 작품을 출간하고 싶습니다!

　　🧑 **작가** : 드디어 세상이 내 작품을 알아보는구나! 당장 계약해야지!

벅차오르는 감동은 알겠는데 일단 진정하시라. 그 출판사가 내게 귀인이 될지, 원수가 될지 계약서 쓰기 전에는 모른다. 아니, 출간 전에는 잘 모른다. 종종 출판사에 관한 질문을 받는다.

"○○출판사, ◇◇출판사 어때요? 컨택 받았는데 계약해도 돼요?"

"○○출판사 진짜 좋아요. ◇◇출판사는 무조건 거르세요!"

시원하게 대답할 수 있다면 좋겠지만 그게 쉽지 않다. 나에게는 대박 출판사였지만, 누군가에겐 최악의 출판사가 될 수 있기 때문이다. 반대로 누군가에겐 최악이었지만, 내겐 최고의 출판사가 될 수도 있다. 작품에 따라, 작가 성향에 따라, 담당 에디터에 따라 출판사에 대한 평가는 180도 달라진다.

정보도 없고, 경험도 없는 신인 작가는 어떻게 해야 할까? 나한테 딱 맞는 출판사 찾는 법을 배우면 된다!

출간이 목표라면 쪽박 찬다

완결을 찍었다면 출간은 그리 어렵지 않다. 종이책과 달리 웹소설 e북은 비용이 많이 들지 않기 때문이다.

한 작품이 아쉬운 신생 출판사에서라면 출간은 쉽다. 하지만 출간 전에 확실히 해야 할 것이 있다. 출간 자체가 목적인가? 돈 잘 버는 프로 작가가 되는 게 목적인가? 후자라면 e북 단행본 출간보다 유료 연재를 목표로 하길 바란다. e북 단행본이 나쁘다는 것은 아니다. e북으로 높은 수익을 올리는 작가도 있다. 하지만 신인 작가에게 쉬운 길은 아니다.

플랫폼에 입점해서 프로모션을 받아야 전업 작가로 살아남을 수 있다. 프로모션 없이 깔리면 묻히는 건 순식간이다. 몇 개월 공들여 쓴 작품으로 치킨값도 못 번다면 얼마나 슬프겠는가!

무료 연재, 투고, 프로모션 심사 등등 뭐 하나 쉬운 게 없다. 습작 기간이 짧은 신인 작가에겐 더욱 그렇다. 조회 수도 시원치 않고 투고도 연달아 실패하다 보면 '출간만 할 수 있으면 소원이 없겠네.'라는 순간이 온다. 그때를 가장 조심해야 한다.

칭찬 가득 컨택 메일에 흔들리지 말자

컨택 메일을 받은 것만으로 황송한데, 내 작품이 얼마나 훌륭한지 구구절절 칭찬해 준다면?

"내 작품을 이만큼 좋게 봐주는 출판사가 또 있을까? 처음이자 마지막 기회를 놓치면 안 돼!"

정성 어린 리뷰에 홀랑 넘어가서 계약하는 신인 작가들을 정말 많이 봤다. 에디터들은 전문가다. 작가가 무슨 말을 듣고 싶어 하는지 너무나 잘 안다.

내 이야기가 얼마나 독창적이고 매력적인지, 앞으로 얼마나 기대되는지 칭찬이 가득한 리뷰를 읽다 보면 기쁨에 심장이 뛴다. 하지만 기쁨은 기쁨이고 계약은 계약이다. 기쁜 마음은 알겠지만 냉정해지자.

팔릴 만한 작품이라면 컨택은 자연히 쏟아진다. 첫 컨택에서 덜컥 계약하지 말고 조용히 기다리자. 더 좋은 조건을 제시하는 출판사가 나올 때까지.

기다려봤는데 소식이 없다고? 그렇다고 바로 사인하면 안된다. 계약해도 후회하지 않을 만한 출판사인지 꼭 검색하자!

워너비
출판사부터 찾자

입점하길 바라는 플랫폼에 가서 출판사명을 검색해보자. 어떤 작품을 몇 종이나 출간했는지, 프로모션은 괜찮았는지, 독자 수는 얼마나 되는지, 표지 퀄리티는 어떤지 확인해볼 필요가 있다.

보통 출판사들은 블로그나 SNS를 운영한다. 검색하다 보면 어떤 출판사인지 대략 감이 온다. 워너비 출판사도 생긴다. 프로모션 잘 따내는 출판사? 내 스타일과 비슷한 작품을 출간하는 출판사? 대박 작가가 여럿 소속된 출판사? 작가마다 선호하는 출판사가 다르다. 무엇보다 중요한 것은 내 작품 잘 팔아주는 출판사겠지만.

워너비 출판사 목록을 만드는 것도 추천한다. 선명한 목표는 꿈을 이루는 지름길이라는 걸 잊지 말길. 워너비 출판사에서 컨택 못 받았다고 실망할 필요는 없다. 투고로 계약할 수도 있고, 남성향 작품이라면 문피아에서 유료 연재하면 되니까.

대형 출판사가
무조건 좋은 건
아니다

이력서도 안 넣은 대기업에서 '훌륭한 인재여! 우리와 함께 일해보지 않겠는가?'라고 연락 온다면 얼마나 기분 좋을까? 누구나 알 만한 초대형 출판사에서 컨택이 오면 자랑하고 싶어서 입이 근질거린다.

프로모션 심사에서 가장 중요한 것은 작품성 + 상품성이다. 그러나 대박 작품을 많이 보유한 대형 출판사의 푸시도 결코 무시할 수 없다. 많은 작가가 대형 출판사를 선호하는 이유도 그 때문이다.

그렇지만 대형 출판사라고 무조건 좋은 것은 아니다. 현실은 냉혹하다. 대형 출판사에서는 매달 수많은 작품을 론칭한다. 이미 계약된 네임드 작가도 여럿이어서 신인 작가에 대한 관리가 상대적으로 부족할 수도 있다. 마케팅에서 밀리거나, 제대로 된 케어를 받지 못한다거나, 출판사의 반복되는 수정 요구 때문에 지쳐 나가떨어지는 경우도 있다. 즉, 대형 출판사와 계약했다고 잘 팔리는 것도 아니고, 프로모션을 보장받는 것도 아니란 뜻이다.

소형 출판사만의 장점도 있다

소형, 신생 출판사일 경우에는 계약해본 작가가 많지 않다. 따라서 어떤 장·단점이 있는지 파악하기가 어렵다. 게다가 출간작이 많지 않으니 좋은 프로모션을 받는 작품도 상대적으로 적다. 정산 시스템 등 체계가 덜 잡힌 경우도 있다.

대형이든, 소형이든 계약 후 작가를 방치하는 출판사가 존재한다. 크다고 안 챙겨주고, 작다고 더 챙겨주는 건 아니다. '소형이니까 꼼꼼하게 챙겨주지 않을까?' 막연한 기대심은 후회로 이어질 수 있다. '복불복이면 그래도 대형이 낫지 않을까?' 선택은 당신의 몫이다.

소형 출판사의 장점은 무엇일까? 동료 작가에게 물어보니 활발한 피드백, 세심한 리뷰와 작가 관리, 비교적 높은 수익 분배율 등을 꼽았다. 한 명의 에디터가 담당하는 작품 수가 대형 출판사보다 적기 때문에 의사소통과 일정 관리가 수월하다고 한다.

출판사와 함께 성장하는 보람을 장점으로 꼽은 작가도 있었다. 지금 잘 나가는 출판사가 몇 년 후에 잘 나가리란 보장이 없다. 지금은 소형이지만 대형 출판사가 되지 말라는 법도 없다. 소형이라도 평판 좋고, 작품 홍보에도 적극적이라면 나에겐 베스트 출판사가 될 수 있다는 걸 기억하자.

작가 커뮤니티를 적극 활용하자

검색해도 잘 모르겠다면 작가 커뮤니티를 참고하는 것을 추천한다.

'□□출판사와 계약해보신 작가님 계신가요? 프로모션이나 작가 관리가 어떤지 조언 구합니다.'

이런 식으로 정중히 부탁하면 기성 작가들이 경험담을 공유해준다. 나도 신인 시절에는 선배 작가들의 도움을 많이 받았다. 웹소설 작법서를 쓰겠다고 결심한 것도 그 고마움에 보답하기 위해서였다. 출판사 이름을 직접 언급하는 건 금기! 완전 신생 출판사가 아니라면 초성만 적어도 다들 알아본다. 민감한 이야기는 개인적으로 나누는 것이 좋다.

Small TALK

커뮤니티에 가입하자마자 질문부터 하는 건 피하자. 질문하기 전에 검색해보는 것도 필수다. 답을 들었다면 시간 내어 조언해준 것에 대해 감사를 표시하자.

물론 웹소설 계에도 믿고 거르는 출판사가 존재한다.

어디라고 콕 찍어 말할 수는 없지만, 에디터가 연락이 안 되고, 정산이 불투명하며, 인세도 제때 들어오지 않는 출판사가 있다. 심지어 교정, 교열을 작가에게 떠넘기는 출판사도 있다. 표지 예산이 ○○원이라서 그 이상은 작가가 부담해야 한다든지, 신인은 유료 연재보다 단행본으로 시작하는 게 좋다든지 등등 안타깝지만 말도 안 되는 유언비어를 퍼뜨리고, 작가의 저작권을 침해하는 출판사도 존재한다.

기성 작가의 조언이 절대적이진 않다. 어디까지나 개인적인 경험이라는 걸 잊지 말아야 한다.

최종 판단은 내가 하는 것이다. 책임도 내가 지는 것이고!

"◇◇출판사는 명절 선물 잘 챙겨주고요, 2차 프로모션에 적극적이에요. △△출판사는 론칭할 때 케이크 기프티콘을 줘요. ▽▽출판사는 완결 선물 주고, 표지 일러스트 작가님도 원하는 분 섭외해줘요."

가끔은 나도 이렇게 출판사 썰을 풀 때가 있다. 출판사 장점은 거리낌 없이 나누는 편이다. 작가마다 호불호가 갈리겠지만, 내 경우에는 담당 에디터와의 궁합을 중요시하는 편이다. 남몰래 흠모하고 있던 에디터님이 퇴사라도 하시면 한동안 방황한다. 이직이 잦은 업계라 어쩔 수 없다지만, 좋은 사람과 오래 일하고 싶다는 욕심은 버리기 힘들다.

작가가 좋은 에디터를 바라는 것처럼 에디터도 좋은 작가를 바랄 것이다. 내 작품에 나보다 더 정중하고 적극적인 에디터 님들을 보면서 나도 그분들에게 오래 일하고 싶은, 좋은 작가가 되겠다고 결심한다. 책이 잘 팔리는 작가이자, 좋은 작가라면 더할 나위 없이 좋겠지만.

04

계약서, 어떻게 봐요?

계약서 사인하기 전에 꼭 체크해야 하는 일곱 가지

컨택이 왔다! 투고에 성공했다! 공모전에서 수상했다!

대박 작가, 베스트셀러 작가, 억대 연봉 작가가 되려면 일단 계약서부터 써야 한다. 하지만 계약서 잘못 썼다가 피눈물 쏟는 작가도 많다. 불공정계약에 묶여 작가 생활을 접는 작가도 가끔 있다.

일방적인 피해를 입었어도 계약 파기는 쉽지 않다. 최악의 경우 위약금을 물어야 하는 상황도 생긴다.

그럼 어떻게 해야 할까? 계약서에 사인하기 전 딱 일곱 가지만 살펴보자! 미심쩍은 부분이나 독소 조항이 있다면? 계약은 접자. 아쉽겠지만, 이혼보다 파혼이 나은 법이다.

정산 비율은 얼마인가?

가장 먼저 수익 배분율을 확인해야 한다. 플랫폼 수수료를 제외한 순매출을 작가와 출판사가 몇 대 몇으로 가져갈지 정하는 것이 매우 중요하다. 정산 비율은 출판사마다, 장르마다 조금씩 다르다.

Small TALK

순매출은 '총매출', '순이익', '전체 판매액'이라고도 한다.

전체를 10이라고 할 때 보통 작가가 7, 출판사가 3을 가져간다. 현대 로맨스 장르는 6:4가 기본이라고 하는데, 꼭 정해진 건 아니다. 물론 네임드 작가는 8:2, 혹은 그 이상도 가져간다. 중대형 출판사 중에서는 6:4를 부르는 곳이 아직도 많다. 신생 출판사는 보통 7:3 정도 부르는 듯하다.

종이책 포함 계약이면 정산 비율이 내려간다. 나는 종이책을 포함해 5:5 비율로 두 번 계약했는데, 앞으로 종이책은 안 낼 계획이다. 종이책 수익은 보장 인세가 전부일 때가 많기 때문이다. 지금은 이런 분위기지만 1~2년 뒤에 어떻게 될지 아무도 모른다. 그래도 작가 정산비가 조금씩 오르는 추세다.

계약 독점 기간은 얼마인가?

계약서를 살펴보면 '배타적 전송권'이란 단어가 등장한다. 간단히 설명하면 이 작품을 계약한 출판사를 통해서만 유통한다는 뜻이다. 요즘은 2~3년이 기본 계약 독점 기간이고, 그 이상의 계약은 추천하지 않는다.

계약 기간이 끝나면 어떡하냐고? 1년씩 자동 갱신된다. 계약을 끝내고 싶으면 종료 전에 출판사에 해지 통보를 하면 된다.

어떤 프로모션에 넣어줄 것인가?

웹소설 매출은 프로모션이 좌우한다고 여러 번 강조했다. 어떤 프로모션을 받느냐에 따라 대박작과 쪽박작의 운명이 갈리기도 한다. 계약서에 프로모션 조항은 따로 없지만, 계약서 쓰기 전에 꼭 확인해야 한다.

> 🙂 **작가** : 어떤 프로모션을 받을 수 있을까요?
>
> 😎 **출판사** : 작가님 작품은 카카페보다 네이버 시리즈나 리디 쪽이 어울릴 것 같습니다. 리다무 아니면 매열무 어떠신가요?

이 말만 듣고 흥분하지 말자. 프로모션 심사에 넣어주겠다는 거지, 결과를 보장한다는 뜻은 아니다. 최종 결정은 플랫폼이 한다.

신인이고, 조아라 선작이 1,500밖에 안 되는데 카카페 기다무 심사 보자고 바람 넣는 출판사는 의심스럽다. 내 소설은 19금도, 단편도 아닌데, 출판사에서 리디 e북 단권 출간을 권한다면? 조율해보고 의견이 좁혀지지 않으면 계약하지 않는 게 낫다. 내 작품에 맞는 연재 방식과 원하는 프로모션을 미리 정해두는 것도 좋다.

표지는 어떻게
해주는가?

表지 문제는 계약서에 담기지 않지만, 미리 확인하자. 타이포그래피 표지인지, 일러스트 표지인지, 예산은 얼마인지, 내가 원하는 일러스트레이터를 섭외해줄 수 있는지 등등.

표지에 끌려 유입되는 독자가 의외로 많다. 인기 일러스트레이터에게 표지를 맡기려면 몇 개월, 몇 년 전에 예약해야 한다. 외주 비용도 천차만별이다. 그 출판사의 이전 작품들이 어떤 표지로 출간되었는지 확인하자. 표지 퀄리티가 떨어진다면 고민해볼 필요가 있다.

**선인세는
얼마인가?**

선인세(MG; Minimum Guarantee)는 보통 작품당 50~100만 원 정도다. 상품성을 입증받은 작가일 경우 2,000~3,000만 원도 땡긴다고 한다. 선인세가 없는 출판사도 있는데, 달라고 하면 대개는 준다.

말 그대로 선인세라, 선인세를 '까지' 못하면 정산받지 못한다. 계약이나 완결 후 선인세를 받고, 출간 후 선인세를 넘는 매출이 생기면 그때 인세를 받는다. 어차피 받을 돈 미리 받느냐, 나중에 받느냐의 차이다.

Small TALK

요즘은 계약금이 곧 선인세다. 계약금을 따로 주면 완전 땡큐! 하지만 그런 출판사는 드물다.

선인세만큼도 팔리지 않았다면? 걱정 마시라. 물어내지 않아도 되니까. 작품 선인세가 아니라 작가 선인세였다면 다음 작품 매출로 토해내야 하지만, 특별한 상황이 아니라면 계약은 작품별이다. 어차피 신인 작가에게 선인세를 몇천씩 주는 출판사도 없다.

받을 수 있다면 최대한 많이 땡기는 게 좋다는 사람도 있다. 하지만 개인적으로는 2,000만 원 이상이 아니라면 출간 후 받는 편이 좋다.

🦅 Small TALK

선인세가 언제 입금되는지도 확인해보자. 계약 즉시 주는 곳도 있고, 완결고를 전달한 후에 지급하는 곳도 있다.

교정은 얼마나 보는가?

교정은 출판사마다 다르다. 어떤 출판사는 1교, 2교, 3교처럼 여러 차례 본다. 어느 출판사는 에디터 리뷰도 없이 그냥 오탈자만 고쳐서 출간하기도 한다!

다 뜯어고치는 수준의 수정을 감수할 수 있는가? 쫀쫀하고 꼼꼼한 교정을 좋아하는가? 계약 전, 교정에 대해 질문하자. 담당자와 교정자가 다른 경우도 많다.

중간 리뷰는 주는가?

리뷰는 작가마다 취향이 갈린다. 에디터 의견을 자주 원하는 작가가 있고, 최종 리뷰만 참고하는 작가도 있다.

나는 중간 리뷰 1번, 최종 리뷰 1번 정도를 선호한다. 손발을 오래 맞춘 에디터라면 시놉시스 작성 단계에서 조언을 구하기도 한다.

2차 저작권 정산 비율과 정산일을 미리 확인하자

내 작품이 웹툰도 되고 게임, 드라마, 영화가 될 수도 있다. 2차 지작권에 대한 정산 비율도 미리 확인하자. 2차 저작권에 대한 명시가 없다면 추가하는 것도 좋다.

정산일이 언제인지는 계약서에 적혀있다. 정산서를 확인하는 방법도 출판사마다 다르다. 정산서의 세부 내용도 궁금하다면 플랫폼 접속, 메일 발송, 정산 프로그램에 대해 물어보자.

계약서 한 쌍을 작성해서 1부는 작가가 보관하고, 1부는 출판사가 보관한다. 우편으로 계약서를 주고받기도 하고, 직접 만나서 사인하기도 한다.

궁금한 건 바로 물어봐도 된다. '갑' 대우를 받는 기분이 좀 낯설겠지만, 작가가 갑이다. 겁내지 말고 프로의 세계로 나가자. 돈길 꽃길 전업 작가 생활이 멀지 않았다!

05

돈, 언제 들어와요?

웹소설 작가 수입의 모든 것

계약도 했고, 출간도 했다. 랭킹, 별점 확인하느라 하루에도 열두 번씩 플랫폼을 들락날락한다. 별점 테러를 당했는가? 악플이 달렸는가? 무시하라. 우리에게 중요한 것은 인세다!

돈이 언제 들어올까? 얼마나 들어올까? 정산일까지 두근두근 콩닥콩닥 난리도 아니다. 웹소설 작가의 수입엔 뭐가 있을까?

1. **인세(+ 선인세)**
2. **정식 연재 원고료**
3. **공모전 상금**
4. **2차 저작권 수익**

여러 종류가 있겠지만, 뭐니 뭐니 해도 인세가 차지하는 비중이 가장 크다. 인세에 대한 모든 것, 이제 알아보자!

인세는
얼마나 받을까?

- 매출 − 플랫폼 수수료 = 순이익
- 순이익 = 작가 : 출판사

플랫폼 수수료가 생각보다 높다. 프로모션과 계약 조건에 따라 달라지지만 기본 30%다.

카카오페이지 '기다리면무료'의 경우 브랜드 엠지를 받으면 45%이다. 브랜드 엠지는 카카페와 출판사 사이의 계약으로, 작가에게는 결정권이 없다. 따라서 브엠 받는 출판사와 계약했다면 기다무 수수료는 45%라고 생각하면 편하다.

네이버 시리즈는 30%가 기본이다. 문피아는 선독점과 비독점이 다르다. 결제 수수료를 포함하면 선독점은 63:37, 비독점은 54:46.

독자가 내 소설을 1,000원어치 샀으면, 플랫폼이 수수료로 30%를 떼어간다. 순이익 700원을 7:3의 정산 비율로 나누면? 작가 490원, 출판사 210원을 가져가는 것이다. 만약 10억 매출이라면 작가 몫은 4억 9천이란 소리! 물론 개인소득세 3.3%를 떼야 하지만.

뉴스에 나오는 대박 웹소설 수익은 몇십 억, 몇백 억 규모다.

카카페 밀리언셀러 페이지, 문피아 누적 수입 목록만 봐도 '억' 소리가 저절로 난다. 탑티어 작가들은 매월 억 단위로 번다. 꾸준히 신작을 냈을 때 이야기라지만, 이 시장이 얼마나 매력적인지 알 수 있다! 웹소설이 아닌 소설로 매달 억대 인세를 받는 작가는 극히 드물다. 적어도 우리나라에서는!

**돈은 언제
들어올까?**

출간 익월, 혹은 익익월 출판사 정산일에 인세가 들어온다. 내가 1월 15일에 론칭했다고 치자. 그러면 정산일은 매월 27일이다. 빠르면 2월 27일에 첫 인세를 받는 거다.

Small TALK

예전엔 빨라야 익익월이었는데, 세상 참 좋아졌다.

인세는 출판사 정산 시스템에 따라 조금씩 달라지니, 첫 정산을 언제 받는지 미리 확인할 것! 인세를 받은 후에는 언제부터 언제까지의 매출인지, 어느 플랫폼에서 얼마나 팔았는지, 정산서를 꼼꼼히 살펴보는 것을 추천한다.

**언제 제일
많이 벌까?**

억대 인세가 매달 들어오면 참 좋겠지만, 웹소설 수익은 1차 론칭 초반에 집중된다. 배너 걸리고, 이벤트 받고, 활발하게 노출될 때 가장 수입이 많다.

만약 한 작품으로 5,000만 원을 벌었다면? 수익의 60~70%가량은 초반 두세 달 동안 몰아서 들어오는 경우가 많고, 그 뒤에는 약소하게 들어온다.

그러다 독점 기간이 끝나고 2차 플랫폼에 론칭되면 또 한 번에 들어온다. 그 뒤엔 또 자잘자잘하게 들어온다. 작품 하나 잘됐다고 공무원 월급 받듯이 매달 꾸준히 인세를 받는 건 아니라는 뜻이다. 매출이 떨어질 때쯤 신작을 내야 인세가 또 들어온다. 그걸 지치지 않고 반복해야 전업 작가 생활이 가능하다.

기출간작만으로 일반적인 직장인 월급 정도 되는 인세가 들어오는 작가는 드물다. 장편 10종을 깔았다고 해도 말이다. 게다가 웹소설 시장이 커지면서 부익부 빈익빈 현상이 더욱 심화됐다.

Small TALK

메가 히트 작품을 냈다면 프로모션을 자꾸 받는다. 심사 따위는 필요 없다. 무료 회차는 매출에 잡히지 않는다고 해도 노출은 돈이다. 한 작품이 히트하면 다른 작품까지 덩달아 팔린다. 작가 브랜드 가치가 '빵' 뜨는 것이다.

플랫폼 수수료는 왜 셀까?

가끔 플랫폼 수수료가 야속하다. 손목터널증후군, 거북목, 디스크 등 온갖 지병과 씨름하며 글 쓰는 건 작가인데!

플랫폼이 모아놓은 독자를 상대로 장사를 하는 거니까 어쩔 수 없다지만 아무래도 속이 쓰리다. 거기에 출판사 몫까지 떼어주면 왠지 밑지는 장사 같다. 엄마가 플랫폼 수수료를 지적한 적이 있다.

엄마 : 플랫폼이 뭐 한다고 30%나 떼어가?

나 : 플랫폼은 백화점이야. 나는 백화점에 입점한 중소 브랜드고! 백화점에서 매장 주고, 전기 주고, 손님들 오라고 광고도 해주잖아.

엄마 : 그래도 너무 센데?

나 : 백화점 들어가고 싶어하는 브랜드가 너무 많아서 문제지. 손님 몰리는 시간대에 이벤트 걸어주면 매출 폭발하니까.

엄마 : 수수료가 비싸도 감수해야 한다는 거네.

나 : 작가 입장에선 엄청 속상해. 대기업 횡포처럼 느껴지기도 하고. 내 작품 공짜로 풀면서 생색은 지들이 다 낸다고!

론칭 전에 작가는 무료 회차를 몇 편이나 풀 건지, 대여권은 몇 개나 줄 건지 결정한다. 네이버 시리즈 '매열무'로 독점 론칭한 『같이 목욕해요, 공작님』의 경우 무료 회차 10화, 쿠키 20개에 2개 더 주기로 했다.

매열무 기간은 작품 회차에 따라 달라진다. 총 156편 완결이라 156일 정도 매열무 프로모션을 받는다. 『같이 목욕해요, 공작님』은 2020년 3월 11일에 론칭했고, 매열무는 2020년 8월 8일에 끝났다. 협의를 거친 후 타임딜 프로모션을 또 받기로 했다. 매열무 기간에도 각종 이벤트에 여러 번 걸렸다. 그럼 다시 랭킹이 오른다.

카카오페이지 '기다무'는 한 번 입점하면 빠지지 않는다. 선물함의 경우 소장권 개수는 카카페가 정한다. 작가가 많이 주고 싶어도 줄 수가 없다.

프로모션을 받아도 배너 위치가 안 좋으면 유입이 늘지 않는다. 반면 첫 페이지에 걸리면? 다운로드 수가 쭉쭉 오른다.

수익은 어떻게
추정할까?

이게 참 애매하다. 네이버 시리즈는 다운로드 수를 보여주는데, 무료 회차도 다운로드 수에 포함된다. 카카오페이지는 같이 보는 독자 수를 보여준다. 1화만 보고 하차한 독자도 1, 완결까지 쭉 달린 독자도 1이다. 그러니 누구는 같이 보는 독자가 20만인데 몇천을 벌었다더라, 누군 몇백도 못 벌었다더라 등등 말이 많다. 전설의 작바작이다.

숫자가 늘면 매출도 느는 게 당연하다. 하지만 시리즈 50만 다운로드면 대략 1,000만 원, 카카페 같이 보는 독자 수 20만이면 대략 2,000만 원, 이런 식으로 예상하기는 힘들다.

수익을 어림짐작할 수 있는 건 유료 회차 댓글이다. 작품을 읽고 추천 및 별점을 누르는 사람은 적다. 게다가 댓글 남기는 사람은 극소수다. 댓글이 많을수록 내 소설을 결제한 독자가 많을 확률이 올라간다. 댓글 많은 작품치고 폭망하는 경우는 드물다.

똑같은 20만이라도 작품에 따라 매출은 극과 극이다. 어쨌든 첫 달 인세가 꽂히기 전까지 과도한 실망은 금물이다.

06

표지, 어떻게 만들어요?

A부터 Z까지 알려주는 일러스트 표지 만들기

웹소설 표지는 보통 두 종류로 나뉜다.

1. 일러스트 + 타이포그래피

2. 디자인 + 타이포그래피

플랫폼 유료 연재 시 일러스트 표지를 선호한다. e북 단행본은 디자인 타이포 표지가 더 많다. 종이책 표지는 일러스트 표지보다 타이포 표지를 선호한다.

많은 예산이 들어가는 건 역시 일러스트 표지다. 금손 일러스트레이터에게 표지를 받으면 독자 유입이 쭉쭉 늘어난다. 표지 때문에 웹소설을 읽기 시작했다는 독자가 은근히 많다. 수많은 작품 중 돋보이려면 높은 퀄리티의 표지가 반드시 필요하다.

당연히 표지에 신경 쓰는 작가가 많다. 계약 단계에서 출판사 표지 예산을 묻는 작가도 있다. 그러면 표지는 어떻게 만들어질까? 그 과정을 낱낱이 살펴보자!

일러스트레이터 선정 → 표지 제안서 작성 → 러프 확인 및 피드백 → 가완성본 확인 및 피드백 → 일러스트 완성본 확인 및 피드백 → 타이포그래피 → 최종 표지 결정

일러스트레이터 선정

가장 먼저 일러스트레이터를 선택해야 한다. 일러스트레이터는 어떻게 선택하느냐고?

1. 출판사 추천

2. 작가 추천

출판사에서 기존에 계약했던 일러스트 작가를 추천해준다. 작가에게 "혹시 원하는 일러스트레이터 있으세요?" 하고 묻기도 한다.

Small TALK

일러스트레이터마다 외주 가격이 천차만별이다. 유명한 일러 작가일수록 일정 잡기가 빠듯하다. 2년 스케줄이 꽉 찬 일러레님도 있다.

작품을 계약하자마자 일러스트 작가부터 예약하는 경우가

많다. 일러스트레이터들은 대개 포트폴리오용 블로그, SNS 계정을 운영한다. 이것이 없는 경우 출판사에서 견본 작품을 보여준다. 그러면 작업물을 확인하고, 컨택을 원하는 일러스트레이터를 선정해 출판사에 알려주면 된다. 출판사 쪽에서 결정해서 알려주는 경우도 있으니 꼭 확인할 것. 출판사 쪽에서 일러스트레이터 작가의 스케줄을 확인한 후 일정이 맞으면 진행!

표지 제안서 작성

출간이 임박했다면 바로 표지 제안서를 쓴다. 출간까지 여유가 있다면 표지 완성 시점 한두 달쯤 전에 쓰는 게 좋다. 작가가 직접 표지 제안서를 쓰기도 한다.

Small TALK

표지 제안서의 양식은 출판사마다 다르다.

처음 표지 제안서를 쓸 때 의외로 내가 결정할 것이 많아서 깜짝 놀랐다. 뭘 결정해야 할까?

1. **등장 인원** : 주인공 단독 표지인지, 여주 & 남주 커플 표지인지, 가족이나 서브남이 등장하는지 결정한다. 남성향 작품은 주인공 단독 샷이 많다.

2. **외모 묘사** : 눈동자 색, 머리칼 색, 성격, 풍기는 분위기 등등 외모는 최대한 상세하게 묘사하는 게 좋다.

3. **의상 및 소품** : 색감, 디자인, 스타일 등등 최대한 디테일을 살려서 쓰는 게 좋다. 소품에서 캐릭터의 특징이 드러난다면 상세한 설명은 필수다.

4. 포즈 : 앉아 있는지, 서 있는지, 안겨 있는지, 등을 맞대고 있는지 구도를 결정한다. 전신이 다 나오는지, 상반신까지만 나오는지도 중요하다. 여성향 표지일 때 남녀 주인공의 얼굴은 최대한 밀착되어있는 게 좋다.

5. 배경 : 사무실, 창문 앞, 온실, 파괴된 건물 앞, 던전, 왕궁 등 작품과 어울리는 표지 배경을 고른다.

일러스트를 직접 그리지는 않지만, 표지를 결정하는 과정에서 가장 중요한 사람은 작가, 바로 당신이다. 선호하는 표지를 틈틈이 스크랩해두시라.

플랫폼마다 독자들이 선호하는 표지가 조금씩 다르다. 작품을 론칭할 플랫폼을 살펴보며 독자가 어떤 스타일을 좋아하는지 확인하자.

참고 이미지도 모아보자. 인물 구도, 전체적인 색감, 소품, 배경 등 참고 자료를 일러 작가에게 전달하면 된다. 직접 러프 스케치를 해서 보내도 좋다. 작가의 상상과 일러스트레이터의 작업물은 다를 수밖에 없다. 그 차이를 좁히려면 표지 제안서를 잘 써야 한다.

러프 확인 및 피드백

일러스트레이터에게 러프 스케치를 받는다. 스케치 단계에서 받아보기도 하고 러프 채색 단계에서 받기도 한다. 이때 전반적인 구도, 채색 분위기 등을 확인할 수 있다.

내가 원하는 스타일과 크게 다르다면 이 단계에서 수정을 요구하는 게 낫다. 이때는 주인공 외모나 의상 디자인을 바꾸는 것도 가능하다. 소품이나 배경에 대한 아이디어를 추가로 전달해도 좋다.

나는 캐릭터 외모보다 구도와 포즈를 중점적으로 살펴보는 편이다. 일러스트를 일부러 작은 사이즈로 본다. 대부분의 독자는 엄지손톱만 한 표지를 보게 되니까.

주인공이 너무 작지 않은지, 배경 때문에 주인공이 묻히진 않는지, 더 역동적인 포즈는 없는지 확인해야 할 것이 많다. 지인들에게 보여주고 조언을 구하는 것도 좋다. 가장 수정이 쉬운 단계이므로 솔직하게 의견을 전달하자.

가완성본 확인 및 피드백

러프 단계에서 대략적인 분위기를 살펴봤다면 가완성본에서는 세부적인 것을 조율해야 한다. 인물 표정에서 개성이 드러나는가? 의상 및 소품 디자인은 괜찮은가? 체형이 너무 풍만하거나 야위지는 않았는가? 커플 표지라면 손의 위치나 시선도 중요하다. 디테일은 이 단계에서 많이 결정된다.

인물과 배경의 색조도 잘 살펴보아야 한다. 배경 장식이 너무 복잡한가? 공간감이 살아있는가? 인물이 충분히 돋보이는가? 캐릭터에 대해서 가장 잘 아는 사람은 작가다. 내 캐릭터의 매력이 최대한 돋보일 수 있도록 수정을 요구하자.

완성된 일러스트 확인 및 피드백

일러스트가 완성되었으면 나의 의견이 잘 반영되었는지, 원하는 방향으로 수정되었는지 확인한다. 몇 차 수정까지 가능할까? 이것은 출판사마다, 일러스트레이터마다 다르다. 출간 일정이 촉박하거나 일러스트 작가 스케줄 때문에 수정이 불가능할 수도 있다.

타이포그래피　　표지 일러스트가 완성되면 다음엔 타이포그래피 디자인 차례다. 제안서는 따로 쓰지 않는다. 타이포그래피 작업이 완성되면 출판사에서 몇 가시 버전을 보여준다.

　　작가가 글자체, 색감, 구도 등을 확인한다. 에디터와 상의해서 결정할 때도 있다. 출간 시 위치는 약간 변경될 수 있다.

최종 표지 결정　　타이포그래피까지 넣었다면 표지 완성!

　　내 작품의 표지가 독자의 눈을 사로잡길 간절하게 빌며 출간을 기다리자.

▲『시한부 황후의 나쁜 짓』

07

내 작품도 드라마로
만들 수 있을까요?

드라마 PD들이 챙겨보는 웹소설의 특징

웹소설 & 웹툰이 드라마화된다는 뉴스가 종종 보인다. 실제로 크게 히트 치기도 한다.

정경윤 작가의 『김비서가 왜 이럴까?』는 tvN에서 동명의 드라마로 방영되었다. 비지상파 드라마치고 보기 드물게 8.3%라는 높은 시청률을 달성했다. 윤이수 작가의 『구르미 그린 달빛』은 KBS 드라마로 제작되어 시청률과 화제성을 모두 잡았다. 게다가 배우 박보검을 일약 톱스타 반열에 올려놓기도 했다.

내 작품이 드라마가 된다면 얼마나 좋을까? 스타들이 연기하는 내 캐릭터를 볼 수 있다면!

2차 저작권 수익도 기대해볼 만하다. 그뿐인가! 드라마 원작은 e북으로도, 종이책으로도 날개 돋친 듯 팔린다. 드라마 원작 작가라는 영광도 무시하지 못한다. 강연 요청도 수없이 받는다. 그럼 어떤 작품이 드라마화되는 걸까?

드라마 PD들은 가장 중요한 요소로 '상업성'을 꼽는다.

"또 상업성이야? 처음부터 끝까지 상업성이래."

지겨운 마음도 이해한다. 하지만 어쩌겠는가! 잘 팔아야 겨우 먹고사는 세상인걸.

드라마화는 웹소설과 비교할 수 없을 만큼 제작비가 많이 든다. 본전을 뽑으려면 상업성은 '기본 of the 기본'이다.

"독자에게 선택받지는 못했지만, 드라마화에는 적합한 작품도 있지 않을까?"

미안하지만 인기 없는 웹소설은 드라마 근처에도 가지 못한다. 웹소설로도 상업성을 인정받지 못했는데, 어떻게 영상으로 제작한단 말인가! 드라마화를 노려보고 싶다면 일단 히트작부터 내야 한다. 드라마 제작자, PD들이 거금을 주고 판권을 사는 이유로 원작의 화제성을 빼놓을 수 없다. 대박 웹소설이 드라마화된다는 뉴스가 뜨면 독자는 흥분한다.

"여주가 ○○○라며? 분위기 찰떡이다! 남주는 누가 될까? 이미지는 □□□나 ◇◇◇가 비슷한데!"

캐스팅 때부터 원작 캐릭터와 비교하며 난리가 난다. 제작 단계에서부터 화제성이 저절로 만들어지는 것이다.

윤태호 작가의 웹툰『미생』의 판권은 1억을 훌쩍 넘겼다. 몇백에서 몇천 정도라는 판권 시장에서 꽤 비싼 값을 받은 거다. 당연하다. 작가 인지도도 높고, 작품 조회 수도 엄청났으니까.

『미생』이 드라마화된다는 소문이 돌 때부터 원작을 어떻게 표현할지 대중의 관심이 폭발했다. 『미생』처럼 검증이 끝난 작품을 드라마화하면 홍보 비용을 대폭 줄일 수 있다. 판권 비용을 채우고도 남는다.

상업성만 있으면 될까? 아니! 영상화에 적합한 콘텐츠는 따로 있다. 메가 히트 쳤다고 해도 판타지·무협 장르는 드라마화하기 어렵다. 판타지적 요소를 영상화하는 데 제작비가 엄청나게 들기 때문이다. 몬스터는 어떻게 구현하지? 차원 이동이나 타임 슬립은?

CG에 천문학적인 돈을 쓰고도 욕먹기 쉽다. 최정상급 드라마 작가의 작품도 시청자의 눈높이를 맞추지 못하면 사정없이 까인다. 영화 제작비를 웃도는 돈을 썼다 해도 소용없다. 고퀄 CG 콘텐츠에 익숙해진 시청자의 수준을 따라가지 못하는 거다. 최근엔 방송사가 넷플릭스 등 다양한 플랫폼과 경쟁하면서 CG가 필요한 작품도 드라마화되는 추세다.

판타지라도 CG가 많이 들어가지 않는 현대 배경 작품이라면 제법 판권이 팔린다. 물론 판권이 팔렸다고 다 제작까지 이어지는 것은 아니지만.

로맨스, 그중에서도 현대 로맨스가 드라마화에 쉽다. 그럼 드라마 PD가 말해주는 드라마화에 적합한 웹소설을 알아보자.

드라마 PD들은 작가 고유의 글맛을 지닌 작품을 원한다. 어디서 본 것 같은 뻔한 스타일, 틀에 박힌 스토리는 대부분 걸러낸다.

"언제는 상업성이 최고라면서 작가 개성이 중요하다고?"

상업성을 갖췄다고 개성이 사라지는 건 아니다. 개성이 빼어나다고 상업성이 증발하는 것도 아니다. 익숙하지만 새로운 것, 낯익지만 창의적인 것, 드라마 PD들은 그런 원작을 찾는다.

클리셰 속에서도 문장, 캐릭터, 에피소드, 세계관 등 작가의 색깔을 보여줄 수 있는 부분은 많다. 자신만의 색깔이 분명한데, 대중이 거기에 열광한다면? 너도나도 판권을 사겠다고 달려들 것이다.

『구르미 그린 달빛』 제작자들은 『성균관 스캔들』과 『해를 품은 달』의 장점을 살리고자 애썼다. 조선시대 배경, 스타 캐스팅, 통통 튀면서 맛깔나는 대사, 신선한 설정과 같이 겹치는 부분도 있지만, 다들 각자의 고유한 매력을 지녔다. 드라마 제작자의 니즈에 딱 맞는 작품이란 뜻이다.

물건을 샀는데 본전 생각난다면, 실패한 쇼핑이다. 판권을 살 때도 마찬가지다. 거금을 들인 만큼 최대한 많은 이익을 뽑아내야 한다. 1억을 주고 산 원작에서 써먹을 에피소드가 몇 개 없다면 제작사는 본전 생각이 날 수밖에 없다.

시나리오가 아닌 글을 드라마로 만드는 건 쉽지 않은 작업이다. 심리 묘사가 많거나 사건 전개가 느리면 더 문제다. 글로 읽을 때는 재미있지만 영상화하기엔 매우 난감하기 때문이다.

웹소설은 주인공과 메인 서사만으로 장편을 이끌어간다. 주인공이 등장하지 않는 회차는 조회 수도 떨어진다. 여주와 남주의 사랑 이야기 대신 서브남주와 서브여주의 썸을 풀면 싫증 내는 독자가 많다. 하지만 드라마는 다르다. 더 많은 인물을 보여줘야 한다. 서브 플롯도 더 중요해진다.

시즌제 드라마가 흥하면서 판권을 살 때부터 시즌제를 염두에 두는 제작사도 늘어나는 추세이다. 시즌제 드라마화에서 중요한 건 역시 캐릭터! 개성과 매력이 넘쳐야 한다. 목표가 확실해야 하고, 그가 가진 딜레마도 확장 가능해야 한다. 캐릭터에 에피소드를 끊임없이 뽑아내는 힘이 담겨있어야 시즌제 드라마가 가능하다.

새로운 비주얼을 보여줄 수 있는 작품

웹소설은 허구의 세계를 실제로 구현해서 보여주지는 않는다. 소설 속 세계는 독자의 상상력으로 완성되는 것이다. 하지만 드라마는 이미지로 직접 보여줘야 한다. 배경, 상황, 인물 등 등 모든 것을 보여주고 들려줘야 하기 때문에 결코 쉽지 않다.

KBS 주말드라마를 떠올려보자. 드라마 속 재벌집 풍경이 상상되지 않는가? 웅장하지만 어딘가 촌스러운 디자인의 소파, 그 뒤로 보이는 나선형 계단, 벽에 걸린 가족사진, 주방에서 나오는 가사도우미…. 비슷비슷한 세트장에서 찍어낸 장면은 거기서 거기다.

그래서 드라마 제작자들은 영상에서 한 번도 다루지 않은 새로운 것에 대한 욕구가 강하다. CG는 필요 없지만 '영상으로 만들면 신선하겠는데?' 싶은 작품을 찾는다.

웹소설보다 웹툰이 더 많이 드라마화되는 이유는 뭘까? 웹소설은 한 장면 한 장면의 호흡이 긴 편이다. 스토리 진행도 웹툰보다 느리다. 배경과 인물 심리 등을 일일이 서술하기 때문에 분량에 비해 뽑아 쓸만한 것이 많지 않다.

소재도 웹툰 쪽이 더 다양하다는 의견이 많다. 웹소설은 비슷한 이야기가 너무 많다는 거다. 트렌드도 잡아야 하고, 자기만의 색깔도 보여줘야 하는 웹소설 작가에겐 너무 슬픈 이야기다.

가상 세계를 다루는 건 똑같은데, 왜 웹툰 소재가 더 다양한 걸까? 웹툰은 이미지로 보여주는 콘텐츠이기 때문이다. 일일이 읽고 직접 상상하지 않아도 몰입하기 쉽다. 글로 쓴 묘사가 늘어진다면 독자들은 스킵해버리지만 그림의 경우는 다르다. 즉, 독자가 받아들일 수 있는 소재가 웹소설보다 더욱 다양해진다.

기껏 판권을 사고도 컨셉만 가져오는 경우도 있다. 스토리가 바뀌고, 없던 인물이 등장하며, 전혀 다른 결말을 맺더라도 원작자는 발언권이 없다. 드라마 작가들은 원작을 그대로 구현하는 데 별로 관심이 없다. 판권을 사긴 했지만 그들의 관심은 좋은 드라마, 잘 팔리는 드라마를 만드는 것뿐이라고!

Small TALK

원작의 매력을 최대한 살린 드라마를 좋아하는 시청자도 많다. 각색을 남발한 드라마가 재미도 없을 때는 욕을 대차게 먹는다. 그리고 보면 드라마 제작자도 참 고된 직업이다.

4장

잘 먹고 잘사는
전업작가 생존 꿀팁

웹소설 전업 작가로 살아가는 건
호락호락하지 않습니다.
어디든 프로의 세계는 냉혹합니다.
불안하고 막막한 당신께 몇 가지 조언을
드리고 싶습니다.

전업 작가 꿀장점 BEST 3

늘 짜릿하고 새로운 행복에 대하여

전업 작가! 단어만 들어도 심장이 쿵쿵 뛴다. 내가 좋아하고, 잘하는 일을 하여 먹고살 수 있다니! 세상에 그보다 기쁜 일이 어디 있을까?

나는 어릴 적 꿈이 전업 작가였다. 그냥 작가가 아니라 책 읽고, 글 쓰고, 출간하는 게 직업인 사람. 글 쓰는 것 외에 다른 일은 안 해도 되는 사람 말이다.

"전업 작가가 되겠다고? 제발 꿈 깨라, 꿈 깨!"

작가 지망생치고 이런 소리 안 들어본 사람이 있을까? 누구보다 날 사랑하는 가족, 친구들이 입 모아 충고한다. 글 쓰는 건 취미로 하라고. 남들처럼 번듯한 직장 구하라고. 이해는 된다. 예술가는 예나 지금이나 배고프고, 전업 작가는 1급 멸종위기

종보다 찾아보기 힘들다.

하지만 웹소설 계는 다르다. 전업 작가가 결코 드물지 않다. 메가 히트작이 없는 나도 데뷔 2년 차에 전업을 선언했다. 이 글을 읽는 당신도 할 수 있다! 그렇다면 전업 작가의 장점은 무엇일까? 단점은 쏙 빼고, 꿀 빠는 장점만 콕콕 짚어 보겠다!

취미로

돈 버는 재미

취미 or 특기 or 덕질로 돈 버는 건 짜릿하다. 경험해보지 못한 사람은 모른다. 남들은 힘들게 번 돈을 바쳐가며 취미 생활할 때 나는 좋아하는 걸 하면서 돈을 번다.

우주비행사가 꿈이던 꼬마가 커서 진짜 우주비행사가 된 것처럼, 직업 만족도가 높다. 말 그대로 자아실현. 영국의 철학자 토머스 그린(Thomas Hill Green)이 주장한 인생의 궁극적인 목적을 달성하는 거다. 좀 거창한가? 그만큼 좋은데 어쩌겠는가!

에세이든, 자기계발서든, 인문서든 책을 낸 작가는 많다. 하지만 인세로 먹고사는 작가는 극히 드물다. 순문학은 더 심하다. 많은 작가가 생계를 위해 겸업한다. 누구나 다 아는 베스트셀러 작가를 제외하면 전업은 불가능하다는 게 업계 정설이다.

 Small TALK

진심인지, 비아냥인지 모르겠지만, "돈 벌고 싶으면 웹소설 쓰라!"고 조언하는 문예창작과 교수들도 많다.

나도 웹소설을 쓰기 전까지 미대 입시 강사, 이미지메이킹 강사, 캐디, 여행사 직원으로 일했다. 지금보다 훨씬 더 벌 때도 있었지만 행복하지 않았다. 하루하루가 괴로웠다. 그만두고 싶었지만 그렇게 하지 못하는 현실이 너무 원망스러웠다.

모든 사람이 돈 때문에 억지로 출근하지는 않는다. 적성에 맞는 사람도 있겠지. 보람도 있을 테고. 하지만 행복 + 보람 때문이 아니라 월급 받고 승진해서 더 많은 보수를 받으려고 출근하는 사람이 아마도 훨씬 많을 것이다. 당신은 어느 쪽인가?

출·퇴근, 인간관계에 시달릴 필요 없다

나는 거의 7년 동안 왕복 100~140km 거리를 출퇴근했다. 2시간은 기본, 차가 막히면 4시간도 우스웠다. 폭풍우가 몰아치는 날에도, 다리가 삐었던 날에도, 남자친구와 헤어졌던 날에도 운전했다. 차가 망가지면 더 문제였다. 대중교통을 이용하면 왕복 5시간 넘게 걸렸으니까. 정규직이 아니었기에 월차는 상상도 못 했다.

이제 그 생활은 끝났다. 전업 작가가 된 후로 집에서만 글을 쓴다. 카페에도 가지 않는다. 내 작업실, 내 컴퓨터, 내 키보드가 있는 나에게 가장 안락한 공간에서 일한다.

교통체증? 지옥철? 그게 뭔지 까먹었다. 친구 만나러 갔다가 출·퇴근 지하철에 끼기라도 하면 어지럽고 숨도 잘 쉴 수 없었다. 어느새 내 몸은 방구석 생활에 길들여진 것이다.

나에겐 무능력한 상사, 말 많은 동기, 뺀질거리는 후배가 없다. 누구에게 잘 보이려고 애쓰지 않는다. 내 몫이 아닌 일을 억지로 떠맡을 필요도 없다. 날 평가하는 건 오직 독자뿐이니까.

출판사 관계자와 의사소통이 원활하지 않을 때도 있겠지. 그렇지만 운이 좋았던 것일까? '이 사람과는 진짜 같이 일 못 해!' 싶은 사람은 아직 만나보지 못했다.

전업 작가가 된 후 보고 싶은 사람만 본다. 함께 있어서 즐거운 사람, 내게 영감을 주는 사람, 날 발전시키는 사람, 응원과 위로를 아끼지 않는 사람.

포근한 관계만 남기고 나머지는 차례로 지웠다. 날 존중하지 않는 사람을 만날 이유가 없다. 인맥 관리는 내게 무의미하다. 그 시간에 조금이라도 좋은 글을 쓰는 것이 훨씬 이롭다.

물론 매달 따박따박 들어오는 월급이 부러울 때도 있다. 휴가나 보너스도 멋져 보인다. 4대 보험은 거의 눈부실 지경이다. 그렇지만 누군가 "직장 다니실래요? 4대 보험, 휴가, 보너스 다 드릴게요."라고 제안해도 정중히 사양하겠다. 나는 전업 작가 생활이 좋다.

24시간을 내 마음대로!

나의 하루 루틴은 이렇다. 아침 10시 전후로 일어난 후 침대에서 휴대폰을 보며 1시간 정도 뒹굴거린다. 일어나서 씻고 2~3시간 정도 작업한다.

아침, 점심은 거른다. 차려 먹는 게 귀찮기도 하고, 배부르면 졸리니까. 정 배고프면 요거트를 먹거나 과일을 갈아 주스로 마신다.

작업이 끝나면 낮잠을 잔다. 책도 읽고, 인터넷 서핑도 하며

3시간 정도 푹 쉰다. 해가 질 무렵에 일어나 저녁을 정성껏 만들어 먹는다. 유일한 식사가 끝나면 산책을 나가거나 요가를 한다. 홈트를 할 때도 있고, 라틴댄스, 주짓수, 복싱을 배우기도 한다. 요즘엔 축구에 푹 빠져있는데, 킥이 점점 좋아지고 있다. 운동 후에는 씻고 다시 밤에 2~3시간 정도 작업한다. 몸이 아프면 작업실 근처는 얼씬도 안 한다. 친구도 일주일에 한 번 이상은 본다. 데이트도 하고 가끔 자원봉사도 간다.

나는 이 루틴을 오랫동안 지켜왔고 무너진 적은 거의 없다. 나의 체력과 생산력을 조율한 최적의 시스템이기 때문이다. 그래도 한 달에 15~20만 자 정도 쓴다.

시간을 마음대로 쓸 수 있다는 건 어마어마한 장점이다. 여행을 유난히 좋아하는 내게는 더욱 그렇다. 피치 못할 사정이 없는 한 여행은 무조건 평일에 간다. 인적 드문 해수욕장, 고요한 미술관, 주말보다 저렴한 호텔, 줄 서지 않아도 되는 맛집. 가끔은 하늘이 너무 맑아서 작업을 접고 훌쩍 여행을 떠난다.

꼭 여행을 가지 않더라도 자유로운 시간 조정은 꿀 장점이다. 살펴야 할 부모, 아이, 반려동물이 있다면 더 빛을 발한다. 날 원하는 사람 곁에 조금 더 있을 수 있는 자유!

내가 이 직업을 사랑하는 이유다.

전업을 후회하는 작가의 진짜 속내

지망생들은 모르는 전업 작가의 치명적 단점

"전업 작가가 된 걸 후회한다고? 남들은 못 해서 안달인데. 배가 불렀네!"

앞에서 전업 작가 생활의 장점을 소개했지만 현실은 그리 호락호락하지 않다. 작가도 어디까지나 직업이다. 장점이 달콤한 만큼 단점은 살벌하다. 프리랜서라 더욱 그렇다.

전업 작가가 되었음에도 후회하는 이들이 있다. 다시 직장으로 돌아가는 작가도 드물지 않다. 왜 후회하는 걸까? 적성에 안 맞아서? 스트레스가 심해서? 전업 작가가 되고 싶다면 이 직업의 단점도 속속들이 알아야 한다. 작가들이 후회하는 이유를 알면 당신은 피할 수 있다.

첫 작품이 잘 됐다고 바로 전업하면 후회한다. 한 작품이 떴다고 다음 작품까지 뜰 거란 보장이 없다. 상위 1% 탑티어라면 모르겠지만, 신인 작가에겐 넘어야 할 산이 많다.

데뷔작으로 몇천만 원을 벌었는데 차기작이 쫄딱 망했다면? 직장으로 돌아가기가 쉽지 않고, 가고 싶어도 자리가 없다. 부디 섣불리 전업을 선택하지 말기를 바란다.

"매달 이 정도 인세면 먹고 살 수 있겠는데? 슬슬 전업으로 돌려도 되겠어."

전업 작가가 되는 시점은 내가 아니라 통장이 결정한다. 생활 규모에 따라 생활비가 한 달에 300만 원일 수도 있고, 80만 원일 수도 있다. 평균 생활비 수준의 인세가 꾸준히 들어올 때, 한 푼도 못 벌어도 몇 달은 버틸 수 있을 때, 그때 전업해야 후회가 없다.

가끔 저축한 돈으로 1~2년 동안 작품에 올인하겠다는 작가들이 있다. 학교 그만두고, 글만 쓰고 싶다는 학생도 만난다. 진짜 도시락 싸 들고 다니면서 말리고 싶다. 그건 진짜 아니다.

"저한테 재능이 없는 것 같아요?
데뷔작으로 뜨는 작가도 있잖아요!"

물론이다. 1년이 아니라 몇 달 만에 눈부신 성과를 거둘 수도 있다. 그렇지만 그건 극소수에 해당하는 이야기다. 빛나는 재능 + 강력한 행운 + 남다른 노력이 모두 더해져야 가능하다.

나도 전업 작가가 되기까지 10년 넘게 걸렸다. 재능 있다는 말은 수도 없이 들었고, 남 못지않게 노력했다. 10년, 아니, 그 이상을 투자해도 성과를 내지 못한 작가가 수두룩하다. 성공한 작가보다 그럭저럭 입에 풀칠하는 작가가 훨씬 많다. 그걸 기억해야 한다.

당신이 보기 드문 행운과 재능을 지닌 작가일 수도 있다. 하지만 아무리 빼어난 재능을 가졌어도 정해진 시간 안에 성과를 내려고 달려들면 초조해지기 마련이다. 작은 실패에 쉽게 좌절하고, 작은 성공은 성에 안 찰 것이다.

Small TALK

목표를 낮게 잡으란 말이 아니다. '억대 인세 받는 작가가 될 거야!' 좋다! 목표를 높게 잡되, 'n년 안에' 식으로 기한을 정하지 말란 거다.

올인하겠다고 직장을 그만두지 마시라. 필력은 영어 단어, 수학 공식처럼 달달 외우면 올라가는 성적표가 아니다. 툭 까놓고 말해보자. 직장, 학업 그만두면 글이 술술 써질 것 같은가? 절대 시간이 늘어난다고 좋은 작품이 나오지는 않는다. 집중력을 발휘하는 시간이라도 늘면 천만다행이다.

점점 바닥을 드러내는 통장 잔고, 실패에 대한 공포, 사방에서 쏟아지는 잔소리 등등 이 모든 걸 견디면서 글 쓰는 건 어렵다. 쓰기도 어려운데 대박 나리란 보장은 1도 없다. 그러니 통장이 허락하기 전까지 겸업하시라. 풀타임 직장이 어려우면 파트타임 알바라도 하시라. 학교도 계속 다니고.

해야 할 일을 그만두고 글만 쓰고 싶다는 건 일종의 도피다. 정말 글이 좋은가? 글 쓰는 시간이 제일 행복한가? 그렇다면 어떤 상황에서든지 글을 쓰게 된다. 잠잘 시간, 먹을 시간을 아껴 가면서 쓸 수도 있다.

 Small TALK

불안과 스트레스 때문이라면 글을 써도 괜찮다. 이런 도피는 환영이다. 하지만 현실을 버리고 글로 도 망치면 안 된다. 도망자가 성공하는 케이스는 극히 드물다.

다시 한번 강조하겠다. 전업 작가가 되는 건 당신이 아니라 통장이 결정한다!

글 쓰는 게 재미없어졌을 때

좋아하는 일로 먹고사는 황홀함을 몇 번이나 자랑했다. 이제 야 밝히는데, 취미로 돈 버는 건 양날의 검이다. 너무 재미있었 던 일이 최악의 스트레스로 다가와 당신의 목을 조를 수도 있다.

"야근하고 아무리 힘들어도 글 쓸 땐 눈이 초롱초롱했는데, 요즘은 컴퓨터 앞에 앉는 게 제일 힘들어. 하얀 화면이 무섭고 부담스러워. 그냥 취미로만 쓸 걸 그랬어."

이런 작가가 의외로 많다. 취미일 때는 그냥 즐기면 됐다. 내가 쓰고 싶은 것도 막 썼다. 겸업일 때는 매출에 크게 얽매이지 않았다. 망하면 좀 어떤가? 밥벌이는 따로 있는데.

하지만 전업 작가는 성과로부터 자유롭기 힘들다. 한 작품이 망하면 눈앞이 캄캄하다. 연달아 두 작품을 말아먹으면? 멘탈이 바사삭 부서진다. 부양해야 할 가족이 있는 경우에는 더 문제다.

큰소리 뻥뻥 치면서 전업 작가가 됐는데 매달 치킨값 인세, 커피값 인세만 들어온다면? 돈 벌어야 하니까 내가 쓰고 싶은 것보다 독자가 원하는 것을 쓰게 된다. 그 결과, 몸에 맞지도 않는 트렌드만 좇게 된다. 트렌드에 매달렸는데도 실패한다면? 스트레스는 치솟고 글 쓰는 재미는 사라진다.

Small TALK

나는 스릴러&공포 소설을 무척 좋아해서 가끔 스릴러를 쓰고 싶은 욕구가 불끈 치솟기도 한다. 하지만 그만둔다. 스릴러를 쓰는 순간, 즐길 수 없다는 걸 알기 때문이다. 취미는 취미 영역에 남겨둘 때가 제일 행복하다.

글 쓰는 걸 좋아하는 것과 글쓰기로 먹고사는 건 완전히 다른 문제다. 자신만의 행복을 지키기 위해 충분한 인세가 들어오는데도 전업하지 않는 작가들이 있다. 전업하지 말라고, 계속 겸업으로 쓰라고 조언하는 작가도 있다. 그래야 즐길 수 있다는 것이다. 물론 글 쓰는 즐거움을 잃지 않는 전업 작가도 있다. 부디 당신이 그랬으면 좋겠다.

몸과 마음이 따라주지 않을 때

'향긋한 커피 한 잔과 감미로운 음악! 햇살 잘 드는 창가에 앉으니 아이디어가 샘솟는구나. 아아, 이번 작품은 대박날 거야!'

미안하지만 전업 작가의 글쓰기는 결코 우아하지 않다. 일정 분량의 글을 뽑아내려면 매일이 전쟁터다. 감지 않아서 떡진 머리, 굽은 목과 어깨, 시큰거리는 손목뿐만 아니라 허리는 뻐근하고, 몸무게는 나날이 최고 기록 경신 중이다.

한 편 쓰는 데 오래 걸리는 작가일수록 컴퓨터 앞에서 버텨야 할 시간이 늘어난다. 자유로운 시간 관리? 평일 여행? 어디까지나 마감을 끝냈을 때의 이야기다.

Small TALK

글 쓰다 보면 몸도 망가진다. 살기 위해서 운동한다는 작가들이 많다. 죽을 것 같아서 PT를 받는 작가도 있다.

하루 목표량을 채우지 못하면 편히 쉬지 못한다. 쉬어도 가시방석이다. 아프기라도 하면 청천벽력이다. 외전 마감 일정이 무척 촉박했던 적이 있었다. 하루가 아쉬운 와중에 감기몸살에 장염까지 걸렸다. 끙끙 앓느라 며칠 동안 한 자도 못 썼다.

'작가님, 원고 아직이신가요? 교정 보려면 내일까지는 주셔야 하는데요? 잘 아시죠?' 카톡이 자꾸 울린다.

마음이 편치 않으니 회복은 더뎠다. 겨우 추스르고 일어나자마자 작업실에 틀어박혔다. 집 밖으로 나가기는커녕 입 한 번 뻥긋 못하는 나날이었다. 원고를 끝낸 직후 엄마에게 전화가 왔다. 우리 딸 잘 지내냐고 물으시는데 울음이 팍 터지더라. 너무 오랫동안 말을 안 해서 목소리가 내 목소리 같지 않았다.

재택근무의 단점도 무시 못 한다. 출근이 자유로운 대신 퇴근 시간도 따로 없다. 일하는 날과 휴일의 경계도 없다. 컨디션 유지하기가 보통 어려운 게 아니다. 월화수목금금금이 될 수도 있단 뜻이다.

글쓰기는 외로운 일이다. 작품은 오로지 나 혼자 책임져야 한다. 그래서 좋지만, 같은 이유로 불안해진다. 골방에 틀어박혀서 혼자 일하다 보니 커뮤니케이션 능력도 부쩍 떨어진다. 어느샌가 사람들 틈에서 부대끼기가 힘들다. 자연히 인간관계가 좁아진다.

'내가 어쩌다가 이렇게 됐지? 동네에서 알아주는 인싸였는데!'

전업 작가를 이해해주는 사람도 별로 없다. 좋아하는 일 하면서 편히 돈 버는데 뭐가 힘드냐는 거다.

멘탈이 깨질 일은 왜 이렇게 많은지. 마음의 병은 몸의 병을 불러온다. 몸과 마음의 건강을 동시에 챙기는 건 생각만큼 쉽지 않다. 몸이 아파서, 마음이 괴로워서 전업 작가가 된 걸 후회할 수 있다. 후회하지 않으려면 어떻게 해야 할까? 다음 장에서 자세히 다루겠다!

03 전업 작가의 자기 관리 비법

살아남기 위해 관리해야 하는 세 가지

전업 작가에게는 자기 관리가 필수다. 나 자신이 가장 큰 밑천이자 재산이다. 최신형 노트북도, 에어컨 빵빵한 작업실도 작가의 몸과 마음이 건강하지 않으면 아무 소용없다.

시간 관리도 중요하다. 남들 눈에 백수처럼 보이기 때문에 더욱더 그렇다. 엄마는 주말농장에 잡초 뽑으러 오라 하고, 친구들은 잠깐 얼굴만 보자고 한다. 글 써야 한다고 하면 왜 미리 안 썼냐고 타박이다. 작가를 아무 때나 툭 건드리면 이야기가 쏟아져나오는 혹부리영감이라고 생각하는 것 같다.

전업 작가 생활을 지속하려면 몇 가지 관리해야 할 것들이 있다. 전업 작가가 된 걸 후회하면서 구인 사이트 들락거리지 않으려면 더욱더 그렇다!

뭐니 뭐니 해도 시간 관리가 제일 어렵다.

전업 작가에겐 마감은 있지만, 상사는 없다. 아무도 당신을 제지하지 않는다. 지각이나 결근한다고 눈치 볼 필요가 없다. 새벽까지 밀린 드라마 보고 종일 딴짓만 해도 잔소리를 듣지 않는다.

날 감시하고, 날 제지할 사람은 오직 나뿐이다. 언제 작업을 시작해서 언제 끝낼 건지, 하루 얼마만큼의 작업량을 뽑아낼 건지, 가장 냉철한 감독관이 되어 스스로를 관찰해야 한다. 겸업일 때도 시간 관리는 필수다. 시간을 효율적으로 쓰지 못하면 완결은 더욱 멀어진다.

게으름도 무섭다.

"글은 쓰고 싶은데 왠지 쓰기 싫다. 아무것도 안 하고 있지만, 더 적극적으로 아무것도 안 하고 싶다…."

글 쓰는 기계도 아니고 쉬엄쉬엄해야 할 것 같은가? 그래야 창의적인 스토리가 떠오를 것 같은가? 이 핑계로 쉬고, 저 핑계로 쉬다 보면 영원히 쉬게 될 수도 있다.

전업 작가가 되면 종일 몰두해서 어마어마한 분량을 쓸 것 같지만 실상은 그렇지 않다. 작업하기 싫어서 쇼핑하고, 유튜브 보고, 괜히 책상 청소도 한다. 시간을 얼마나 잘 관리하느냐가 성공과 실패를 결정한다. 집중력을 고도로 발휘할 수 있는 시간, 컨디션이 제일 좋은 시간을 작업에 사용하자. 목표 분량을 다 쓸 때까지 컴퓨터 앞에서 일어나지 말자.

작가의 가장 큰 적은 작가 자신이라는 걸 꼭 기억하길 바란다.

시간을 아무리 잘 쓰면 뭐 하나, 몸이 아프면 작업을 못 하는데. 작가의 컨디션은 작업 분량과 직결된다. 베스트 컨디션을 유지하기 위한 모든 방법을 동원해야 한다.

특히 눈 건강과 목, 허리, 손목 등 디스크를 주의해야 한다. 바른 자세를 유지하고 1시간에 한 번씩 스트레칭하는 게 좋다는 거, 누가 모를까? 하지만 집중하다 보면 몇 시간이 훌쩍 흐른다. 계속 놀다가 겨우 집중하기 시작했는데, 흐름을 깨고 싶지도 않다. 거북목과 손목터널증후군, 안구건조증은 나의 친숙한 가족이 된다.

젊다고 건강에 소홀하면 피 보기 쉽다. 요가든, 수영이든, 헬스든, 뭐든 해야 한다. 운동도 하루 일정에 포함하고 꾸준히 실행하는 것을 추천한다. 나도 거북목에 손목터널증후군으로 한동안 고생을 했다. 척추 교정 치료를 받은 적도 있다. 운동과 요가를 매일 했는데도 몸이 망가진 거다.

병원에 다녀오는 그 길로 건강용품 쇼핑을 시작했다. 인체공학 마우스, 모니터 암, 손목 보호대, 요추 보호 의자, 발 받침대, 자세 교정 벨트 등등 지금도 그 모든 것들의 보호 아래 글을 쓰고 있다. 물론 영양제도 먹고 블루라이트 차단 안경도 썼다.

놀라운 사실은, 그래도 몸이 아프다는 것이다! 소문난 한의원에 다닌다고 건강 관리가 저절로 되지 않는다. 추나 치료의 효험도 몇 달 안 간다. 생활 속 운동과 자세 교정만이 살길이다.

물리적 공격보다 정신적 공격이 더 흔하다. 남 괴롭히면서 희희낙락하는 보이지 않는 그들에게 작가는 쉬운 먹잇감이다.

멘탈 관리를 잘 하지 않으면 작가 생활을 지속하기가 어렵다. 작가의 멘탈은 언제 부서질까? 대표적인 예를 살펴보겠다.

❶ 별점 테러

별점을 읽지도 않고 1점 주는 사람, 매 편 1점 주는 사람, 모든 작품을 찾아서 1점 주는 사람 등등 별 테러를 받고 나면 '내가 살면서 뭔가 큰 죄를 지었나?' 지난 삶을 반추하게 된다.

어디 가서 항의할 수도 없고 가볍게 넘기기도 힘들다. 누구에겐 장난이지만, 작가에게는 생활이 달린 중요한 문제니까.

❷ 악플

별테보다 더 무섭다. 댓글을 미리 보고 작품을 읽을지 말지 판단하는 독자도 있기 때문이다.

'모두가 내 소설을 좋아할 수 없지. 악플도 받아들여야 해.'

쿨한 척 해봐도 소용없다. 선플 100개보다 구린내 나는 악플 한 개가 기억에 오래 남는다. 개연성, 필력, 오타 지적은 악플이 아니다. 악플의 목적은 오로지 작품과 작가를 모욕하고 조롱하는 것!

많은 작가가 악플 때문에 힘겨워하지만, 안타깝게도 대응하기는 힘들다. 악플러와 다퉈봤자 작가만 손해이기 때문이다. 대부분 운명으로 받아들이지만, 정도가 너무 심해 도저히 참을 수 없다면 신고해야 한다.

❸ 무관심

별테도, 악플도 관심받을 때의 이야기다. 신작 론칭했는데 아무런 반응이 없다면? 별테, 악플도 반가울 지경이다. 무관심은 작가의 멘탈을 좀먹는 암적 존재다.

신인 작가에게도 마찬가지다. 조회 수가 오르기는커녕 선작이 뚝뚝 떨어진다면? 남들은 다 컨택 받는데 내 메일함은 깜박이지 않는다면? 공모전에서 떨어지고, 투고 반려 메일엔 피드백도 없다면? 무플보다 악플이 낫다는 오랜 인터넷 격언이 떠오른다.

❹ 텍본 유출

웹소설을 무단 복제 및 유포한 것을 '텍본'이라고 한다.

'요즘 때가 어느 땐데 아직도 그런 게 있어?'

없을 것 같은가? 의외로 많다. 텍본 방지를 위한 기술이 발달할수록 텍본러들도 가만히 있지 않고 더 활개를 친다. 대놓고 불법 다운로드 사이트를 홍보하기도 한다.

몇 개월 고생해서 쓴 작품이 불법 사이트에 뜨다니! 상상만 해도 끔찍하다. 일일이 찾아 신고하는 수밖에 없다.

작가들도 손 놓고 보고만 있는 건 아니다. 텍본 유출을 막기 위해서 프로그램을 개발한 작가도 있고, 텍본러를 고소하는 경우도 많다.

❺ 표절 시비

표절 시비는 끊이지 않는다. 맞다, 아니다, 공방이 오간다. 실제로 표절이 들통 나는 경우도 있고, 종종 소송까지 가기도 한다. 표절당하는 쪽도, 표절이 아닌데 의심받는 쪽도 미치고 팔짝 뛸 노릇이다.

나도 표절 시비 때문에 멘탈이 크게 무너져 내린 경험이 있다. 지옥이 따로 없었다. 그는 내 작품의 배경과 소재가 자신이 연재 중단한 작품과 유사하다며 의혹을 제기했다. 공개적이었고 사뭇 공격적이었다.

나와 내 작품을 직접적으로 지목하진 않았지만 분명 나를 겨냥하는 말이었다. 책장의 서류 보관함을 몽땅 털었다. 오래된 메일함을 샅샅이 뒤져야 했다. 당시 출간계약서, 출판사와 주고받은 시놉시스 등을 찾아냈다. 시기적으로 표절이 성립할 수 없음을 증명해주었다. 그도 수긍했다. 근데 그걸로 끝이었을까?

하지 않은 일을 하지 않았다고 증명해야 하는 과정은 참담하기 짝이 없었다. 그 과정 자체가 소모적이고 치욕적이었다. 내 경우처럼 증거가 남아 있었다면 그나마 다행이다.

오해가 풀리면 좀 나을까 싶지만, 허비된 시간과 너덜너덜해진 멘탈은 누가 보상해줄까? 제대로 된 사과조차 받지 못했다면? 표절 시비 걸렸던 작가로 낙인찍힌다면? 뒷일은 아무도 책임져주지 않는다.

웹소설 계에서 소재가 겹치는 건 너무나 흔한 일이다. 나만 생각해낼 수 있는 고유한 아이디어는 거의 없다고 봐야 한다.

그러므로 섣부른 확증 편향에 사로잡히지 말자.

표절당해도 참으란 말이 아니다. 표절이 분명하다면 합리적 증거를 모아 확실하게 문제를 제기해야 뒤탈이 없다.

무고하게 표절로 몰린 경우도 마찬가지다. 출판사를 통한 법적 대응을 추천한다. 나도 앞으로는 그렇게 할 생각이다.

04

부서진 멘탈 치유하는 법

나를 지옥에서 구한 네 문장

앞에서 멘탈 관리의 중요성을 설명했다. 작가의 멘탈이 언제 망가지는지도 살펴보았다.

"악플 따위가 무슨 상관이야? 무시하면 그만이지!" 콧방귀를 뀌는 사람도 있을 테고, "유리멘탈인데 어쩌지? 전업 작가 할 수 있을까?" 손톱을 잘근잘근 물어뜯는 사람도 있을 거다.

나도 그랬다. 어떤 장애물도 뛰어넘을 것처럼 자신만만하다가도 입김만 불면 쓰러질 것처럼 위태로워졌다. 솔직히 기운 빵빵한 날보다 우울해서 땅 파는 날이 더 많았다. 심사 떨어졌을 때, 신작 성적이 형편없을 때, 생활비가 부족할 때, 낯 모르는 사람에게 인신공격당할 때, 재능 기부하면서 욕먹을 때, 인간관계가 틀어졌을 때.

"최선을 다했는데 결과가 왜 이러지? 나한테 문제가 있나?"

우울은 더 깊은 우울을 불러온다. 연인, 가족, 친구의 도움이 절실하다. 하지만 우울의 골짜기에서 날 건져낼 사람은 결국 나뿐이다.

작가로 살면서 터득한 멘탈 치유법을 공유하고 싶다. 당신에게도 도움이 되면 기쁘겠다.

글에 대한 평가는 나에 대한 평가가 아니다

작품과 작가는 떼려야 뗄 수 없는 존재다. 작가의 성향이 고스란히 작품에 묻어나기도 한다. 하지만 작품이 곧 작가는 아니다. 작품과 나를 분리할 줄 알아야 멘탈을 지킬 수 있다.

'이딴 것도 소설이라고? 진짜 돈 아까움!' 이런 악플이 달렸다고 가정해 보자. 결국 주관적인 의견에 불과한데도 작가는 면전에서 쌍욕 먹은 것처럼 괴롭다. 피땀 흘려 쓴 작품을 나와 동일시하기 때문이다.

공모전에서 떨어졌거나 투고에 실패했을 때도 비슷한 감정을 느낀다. 에디터 피드백은 이렇게 들린다.

캐릭터의 매력이 불분명하고 → 작가 자체가 노잼이고
스토리 진행이 느리며 → 이야기를 만들 줄 모르며
가독성이 떨어진다. → 기본기마저 개똥이다.

무료 연재 성적이 처참할 때도 마찬가지다. 작품이 잘 안 됐을 뿐인데 오만가지 생각이 다 든다. 작품이 아니라 내가 세상으로부터 거부당한 기분이다.

"너 따위가 무슨 글을 쓴다고. 시간 낭비하지 말고 때려쳐!"

수치스럽고 서럽다. 그 마음 이해한다. 작가라면 누구나 그럴 거다. 그러나 한순간의 감정일 뿐 사실이 아니다. 아무도 당신을 평가할 수 없다. 당신의 값어치는 당신만이 결정한다. 악플 싸지르고 떠난 익명의 누군가가 아니라.

작가는 작품으로 평가받는다. 피할 수 없는 숙명이다. 대신 당신의 작품을 평가하는 독자와 출판사에게 너무 많은 권한을 주어선 안 된다. 한 마디, 한 마디에 흔들릴수록 그들은 강해지고, 당신은 약해진다.

잊지 말자! 그들은 당신이란 작가를 잘 모른다. 미래의 당신이 쓸 작품도 모른다. 칼자루를 그들에게 쥐여주지 말자. 그래야 당신을 지킬 수 있다.

모든 사람이 좋아하는 작품은 없다

누구는 피폐물을 좋아하고, 누구는 달달한 로맨틱 코미디에 끌린다. 어떤 독자는 먼치킨물에 환호하고, 어떤 독자는 다크 히어로만 골라 읽는다. 취향 차이는 누구도 딴지 걸 수 없는 고유한 영역이다. '문장이 유려하고 섬세해서 좋아요.'라는 평가와 '지루하고 답답해서 하차한다.'라는 평가가 공존한다.

투고했을 때도 마찬가지다. 어떤 에디터는 스토리 진행이 너무 빨라서 이해하기 어렵다고 하고, 어떤 에디터는 스토리가 루스하고 속도감이 부족하다고 한다.

아무리 대단한 작품을 썼다 한들 모두에게 사랑받을 순 없다. '모두에게 사랑받는 작품을 쓰겠다!'는 곧 '아무도 사랑하지 않는 작품을 쓰겠다!'는 말과 닿아있다.

대박작 댓글을 읽어보자. 재미있다는 댓글도 많지만, 이런 게 왜 인기 있냐면서 따지는 댓글도 적지 않다. 보는 사람에 따라 의견이 완전히 갈린다. '빠'가 생기면 '까'도 있는 게 당연한 이치랄까?

그걸 알면서도 작가의 멘탈은 바람 부는 벌판의 갈대처럼 흔들린다. 힘들수록 스스로에게 최면을 걸어야 한다. 모든 사람이 좋아하는 작품은 없다고. 그저 취향이 다를 뿐이라고. 다음엔 더 많은 이의 취향에 맞는 작품을 쓰자고. 아니, 언젠가는 내 작품이 대중의 취향을 저격하게 될 거라고.

높은 목표는 날 지치게 할 뿐이다

처음부터 목표를 너무 높게 잡지 말자. 남과 비교하지도 말자. 상황은 달라지지 않는데, 내 마음만 지옥으로 떨어질 뿐이다.

"처음이니까 도전하는 마음으로 시작했어요. 조회 수, 선작에 연연하지 않았고요. 아무리 그래도 너무하잖아요? 20편이나 올렸는데 아무도 안 봐요. 저도 작가가 될 수 있을까요?"

10분에 열두 번씩 새로 고침 하는가? 추천 1 올라가면 날아갈 것 같고, 선작 1 줄어들면 심장이 으스러지는가?

물론 괴롭겠지. 하지만 그 단계를 거치지 않고 작가가 되는 사람은 없다. 반응이 없어서 실망스러운 건 알겠지만 거기에 얽매이면 당신만 손해다. 신인 작가의 첫 작이 조회 수 폭발에 공모전 휩쓰는 게 오히려 이상하지 않은가?

첫 작은 흑역사로 기록되기 쉽다. 독자를 유혹하는 법도, 스토리 끌고 가는 법도, 클라이맥스 찍고 마무리 짓는 법도 익히지 못했으니 당연하다. 완결작 하나 없으면서 조회 수가 안 나와서 미치겠다고? 그 자체가 엄청 조급하다는 증거다. 조급한 건데… 사실 자연스러운 일이다. 당신만 그러는 것도 아니다. 그러니 심호흡을 하자.

성과가 안 나온다고 글 쓸 의욕까지 떨어지면 더 문제다. 고작 첫 번째 허들이다. 이 단계도 넘지 못했는데, 어떻게 탑티어 전업 작가가 될 수 있을까? 기성 작가가 되었다고 해도 똑같다. 즐거울 일보다 낙담할 일이 훨씬 더 많다. 어떤 분야든지 성공을 향한 길은 순탄하지 않다.

목적지는 멀다. 뛰어가지 않아도 된다. 신발 끈 단단히 매고, 식량도 넉넉히 챙기고, 주위도 둘러보면서 가자. 그래야 덜 괴롭다. 가끔은 행복하고.

당신을 훌쩍 앞서던 사람이 가장 먼저 포기할 수도 있다. 제일 늦게 반환점을 돌았던 당신이 가장 높은 곳에 오를 수도 있다. 그러니 너무 서두르지 말길. 본격적으로 뛰기 전에 지치지 않길. 그래야 높은 곳에 닿을 수도 있고, 목표를 이룰 수도 있다.

세상엔 질 나쁜 인간이 존재한다

세상엔 참 할 일 없는 사람이 많다. 이상한 사람도 많다. 불법을 저지르고 태연한 사람, 공격해놓고 피해자인 척하는 사람, 질투에 사로잡힌 사람, 자기 생각만 옳다고 고집하는 사람 등등 쓰자면 끝도 없다.

처음엔 이해하기 힘들었다. 왜 시비를 거는 걸까? 왜 남에게 상처 주는 걸까? 내가 뭘 잘못한 건가?

세상엔 진짜 나쁜 인간, 못된 인간이 존재한다. 그들은 이성과 상식 밖에서 행패를 부린다. 멀쩡한 사람은 삐뚤어진 인간을 이해할 수 없으므로 그런 인간과는 엮이지 않는 게 상책이다. 하지만 작가는 대중 앞에 드러난 존재다. 목표물이 되고, 공격받기 쉽다. 당신을 무너뜨리려고 접근한 인간 때문에 괴로워하지 말자. 그거야 말로 그 인간이 간절히 바라는 일이다.

당신의 문제가 아닌 그 인간의 문제이기 때문에 당신이 해결할 수도 없다. 당연히 억울하겠지. 아무 잘못도 없이 일방적으로 얻어맞기 때문에 몇 번을 당해도 익숙해지지 않는다.

나는 다른 작가들에 비해 좀 더 얼굴이 알려진 편이다. 조금만 검색해도 온갖 신상 정보가 줄줄 나온다. 겉모습만 보고 날 제멋대로 판단하는 사람들을 종종 본다. 입에 담기조차 힘든 험한 말도 듣는다. 그때마다 화가 나고 서럽고 후회스럽다. 글이나 열심히 쓸걸, 왜 안 해도 될 일을 해서 화를 자초한 걸까?

괴롭지만 결국엔 흘려보낸다. 날 사랑하고, 아끼는 사람들에게 쓸 시간도 부족하니까. 날 존중하지도 않고, 내게 중요하지도 않은 사람 때문에 감정 낭비하고 싶지 않으니까. 지나가던 정신이상자가 당신에게 칼을 들고 다가온다. 그 칼을 맞고 쓰러지겠는가, 개무시하고 가던 길 가겠는가?

부디 당신이 안전하고 따스한 길만 걸었으면 좋겠다. 그게 어렵다면 당신을 지킬 마음의 힘을 꼭 갖기를 바란다.

05

반드시 망하는 작가의 특징

실패가 두려운 이를 위한 팩트 폭격

망하는 작가의 특징은 뭘까?

게을러서? 운이 나빠서? 재능이 없어서? 여러 이유가 있겠지만 나는 편견 때문이라고 생각한다. 대박 전업 작가가 되고 싶다면 머릿속에 단단히 뿌리 내린 편견부터 깨부숴야 한다. 흔하지만 늘 울림을 주는 문장이 있어서 소개한다.

새는 알에서 나오려고 투쟁한다.

알은 세계이다.

태어나려는 자는 한 세계를 깨뜨려야 한다.

- 『데미안(Demian)』, 헤르만 헤세(Hermann Hesse) -

당신의 세계를 깨뜨릴 준비가 되어있는가? 그렇다면 편견의 음험한 속살부터 파헤쳐보자.

웹소설은 너무 유치하다고?

웹소설은 유치하다고 생각한 적 있는가? 없었다고?

나는 있었다. 순문학만 읽고 쓰던 사람 특유의 편견이었다. 웹소설이라고는 단 한 편도 읽어보지 않았으면서 오글거린다고, 저런 건 죽어도 못 쓴다고 단언했다. 웹소설 작가가 되고 나서야 깨달았다. 내가 얼마나 무지하고 오만했는지!

웹소설은 언뜻 보면 유치해 보일 수 있다. 직관적이고, 문장도 짧고, 대사 분량도 많으니까. 하지만 일부러 그렇게 쓰는 거다. 잘 읽히라고.

웹소설 작가도 미려한 문장을 쓸 수 있다. 철학적이고 심오한 이야기도 담을 수 있다. 쓸 줄 몰라서 못 쓰는 게 아니라 전략적으로 안 쓰는 거다. 쉽고, 편하고, 간단하고, 때론 유치하게 써야지 잘 읽히니까.

드물기는 하지만 섬세한 표현과 문장으로 독자를 사로잡는 웹소설도 있다. 대부분의 웹소설 독자는 웹소설을 읽으면서 사색에 잠기거나 삶을 고찰하지 않는다. 독자가 바라는 건 재미! 카타르시스! 고단한 삶을 잊게 해주는 사이다!이다. 웹소설 작가는 재미를 파는 사람이다. 당연히 상업성이 문학성보다 훨씬 중요하다.

매년 사상 최악 매출이라는 출판시장에서 웹소설만 떼돈을 버는 이유가 여기에 있다. 웹소설은 철저히 소비자 위주로 돌아가는 시장이기 때문이다. 그것도 모르면서 유치하다고? 하하! 신춘문에 등단 작가로서 한마디 하겠다.

현직 순문학 작가만큼 눈 돌아갈 정도로 글 잘 쓰는 웹소설 작가가 진짜 많다. 어디에 기준을 두느냐에 따라서 조금씩 달라지겠지만 말이다. 웹소설 대박작 20종을 읽어봤는가? 읽어봤는데도 유치한가? 한번 그렇게 유치하게 써보시라. 그게 얼마나 어려운지 금방 깨닫게 될 테니까.

물론 대박작이 전부 명작은 아니다. 몇 번이나 강조하지만 어떤 작품이든 배울 게 있다. 좋은 면은 좋아서, 나쁜 면은 나빠서. 인기작의 장·단점을 분석하고 내 것으로 만들려는 노력부터 시작하자.

**독자·에디터
수준이 낮다고?**

"독자 수준이 너무 낮아. 유치한 웹소설에 길들여졌거든. 그래서 내 작품의 우수성을 모르는 거야. 출판사는 그냥 돈벌레지. 작품성은 쳐다보지도 않는다니까?" 설마 이런 작가가 있냐고? 안타깝지만 종종 만난다.

독자와 에디터 수준을 운운할 거면 웹소설 쓰면 안 된다. 작품성으로 승부하고 싶다면 장르 소설 말고 순문학 쓰시라. 순문학으로도 빛 보지 못한다면? 거기서도 심사위원, 에디터, 독자 뒷말하기 바쁠 거다. 심사위원은 권력욕에 사로잡힌 늙은이들뿐이라는 둥, 작품 볼 줄도 모르면서 으스댄다는 둥. 게다가 날씨 탓하고, 농기구 탓하다 보면 한해 농사 말아먹는다.

웹소설이 3,000원짜리 분식집 떡볶이라고 치자. 손님들이 수준 낮아서 떡볶이 찾는 줄 아시는가? 철갑상어알, 랍스터, 투뺄 한우 먹을 때도 있지만, 매콤달콤한 떡볶이의 그 맛이 너무 좋아서 분식집에 가는 거다.

어린 학생들만 웹소설을 읽는 것도 아니다. 웹소설이 등장하기 전부터 장르 소설을 즐기던 30~50대 독자도 무척 많다. 어떤 독자가 있는 줄도 모르면서 독자 수준 운운하는 사람을 보면 정말 작가가 될 마음이 있는지 의심스럽다.

어떤 작가든 글로 평가받는다. 대중의 평가는 날카롭다. 조회 수 터지고 싶겠지. 돈 벌고 싶겠지. 그게 잘 안 되니까 독자 탓하는 거 아닌가? 그래야 자존심을 지킬 수 있으니까. 어떤 분야에서든지 성공하기 위해서는 재능, 노력, 운이 필요하다. 배우려는 자세, 자신을 객관적으로 보는 태도, 개선하려는 시도도 필요하다.

독자나 에디터 수준을 핑계 대는 심리를 뜯어보면 '나는 맞고, 너희는 틀렸어.'라는 오만함으로 가득하다. 자신의 부족함은 조금도 인정하지 않는다. '네가 감히 내 작품을 평가해? 나도 네 수준을 평가해주지.'라는 식의 반발심도 더해진다.

성공한 작가는 절대 독자를 무시하지 않는다. 실패한 작가만 독자를 변명거리로 삼는다는 것을 기억하자.

트렌드를
안 써서 인기가
없다고?

"클리셰, 트렌드만 쓰면 빵 뜰 수 있는데, 내가 너무 창의적이라 그딴 건 용납을 못 하네? 뻔하디뻔한 거 나는 못 써. 그래서 인기가 없는 거라고!"

정말 그럴 수도 있다. 아닐 가능성이 훨씬 크지만.

작품의 성공은 클리셰, 트렌드만으로 결정되지 않는다. 독자를 훅 빨아당기는 흡인력, 술술 읽히는 가독성, 살아 움직이듯 생생한 캐릭터, 쫄깃한 플롯 등등 뭐 하나가 특출나서 성공하고, 어느 하나가 빠졌다고 망하지 않는다.

영화를 생각하면 이해하기 쉽다. 영화의 흥행이 시나리오만으로 좌우되는가? 연출, 연기, 카메라, 음향, 조명 등등 영화를 구성하는 요소가 완벽해도 관객에게 외면당할 수 있다.

다른 문제는 돌아보지 않고 트렌드를 안 써서 인기가 없는 거라고? 어휴~ 구차하다, 구차해.

트렌드 중요하다. 하지만 트렌드를 쓰고도 망하는 작품은 널렸다. 마이너지만 성공하는 작품도 있다. 독자의 취향을 간파해서 잘 읽히도록, 그러면서도 진부하지 않도록, 거기에 작가만의 색깔이 드러나도록 쓰는 건 정말 너무 어렵다. 기성 작가들도 항상 고민하는 문제다.

소재 탓하기 전에 자신의 작품을 객관적으로 보는 눈을 기르자. 객관적이기 어렵다면 감평이라도 받자. 감평 받을 데가 없다면 독자 반응을 살피자. 트렌드가 정 싫다면 성공한 마이너가 되기 위한 모든 노력을 기울여야 한다.

완벽주의자라 오래 걸린다고?

고치고, 고치고, 고치고, 또 고치는 작가가 있다. 시놉시스 고치느라 본문 원고는 시작도 못 한다. 몇 달 동안 시놉시스, 초반 몇 편만 붙잡고 있다가 갈아엎는다. 본문 원고를 시작했다고 해도 더디긴 마찬가지다. 한 문장 쓰고 고치고, 한 문단 쓰고 다시 읽는다. 이래서 100~300편짜리 장편을 언제 완성하겠는가?

"나는 완벽주의자라 불완전한 작품을 세상에 내놓을 수 없어. 일단 내 마음에 들어야지. 작가 마음에도 안 드는데 어떻게 독자의 선택을 받겠어?"

어떤 작품이든 완성도는 포기할 수 없다. 대부분의 작가가 완벽주의자다. 수정도 열심히 한다. 완벽주의자라서 무료 연재도 못 하고, 투고도 못 한다고? 부디 솔직하게 답해주길 바란다.

당신은 정말 완벽주의자인가? 아니면 평가받는 게 두려운 건가? 열심히 썼는데 인기 없을까 봐, 내 작품이 부족하다는 걸 들킬까 봐 수정만 반복하는 건 아닌지 돌아봐야 한다. 세상에 처음부터 완벽한 작가는 없다. 처음부터 완벽한 작품을 쓴다는 건 환상에 가깝다.

웹소설은 호흡이 길다. 전업 작가가 되려면 일정 수준의 글을 많이, 빨리, 꾸준히 써야 한다. 시놉시스 고치느라 1편도 완성하지 못 한다? 20편만 써서 공모전과 투고를 돌린다? 그럼 언제 완결하고 론칭하지? 완결을 내지 못하면 영영 지망생일 뿐이다.

그래도 내 마음엔 들어야 하지 않겠느냐고? 질문을 하나 하겠다. 그렇게 고치면 내 마음에 쏙 드는 작품이 나올 것 같은가?

두 번째 질문. 그 작품이 독자의 선택을 받을 수 있을까?

이제 막 축구를 시작한 선수가 메시(Lionel Messi)처럼 플레이할 수는 없다. 후보 선수라면 리저브 팀에서 경기 경험을 쌓아야 한다. 메시처럼 완벽한 볼 컨트롤, 아름다운 패스, 매서운 슈팅을 하기까지 경기에 나서지 않고 훈련만 한다면? 영영 주전 선수가 될 수 없다. 선수 인생의 첫발조차 내딛지 못하고 사라지는 것이다.

완벽인가? 강박인가? 혹 도망치는 것은 아닌가?

"완결만 하면 끝인데. 내가 완벽주의자라 어렵네."

'완벽주의자'라는 말 뒤에 숨지 말자. 그저 게으른 것일 수도 있다. 한 작품도 완결하지 못한 완벽주의자보다 허술해도 많은 작품을 완결한 작가가 빨리 성장한다. 돈도 훨씬 더 많이 번다.

실패 근육을 키우자

편견을 가진 작가 지망생들에게는 공통점이 있다. 바로 실패에 대한 두려움을 가지고 있다는 것이다. 실패하고 싶지 않으니까 이런저런 핑계를 댄다.

"웹소설은 유치하고, 독자는 수준 낮고, 나는 트렌드도 안 쓰는 완벽주의자니까…" 결국 내 잘못이 아니라고 말하는 거다.

실패가 무서운 건 알겠는데 변명하지 말자. 1도 소용없다.

나는 수많은 실패를 맛본 사람이다. 탈락하고, 망하고, 까이고, 정말 질릴 정도로 실패했다. 그래도 실패에는 익숙해지지 않는다. 여전히 아프고 쓰리다. 하지만 그 과정에서 조금씩 성장했다. 쉬운 일은 아니었지만, 그래도 포기하고 싶지 않았다. 견디자면 실패를 이겨내는 근육을 단련해야 했다.

운 좋게 첫 작부터 터지는 작가가 있다. 돈길 꽃길만 걷는 작가도 있을 거다. 하지만 나는 부럽지 않다. 솔직히 말하면 아주 조금만 부럽다.

모든 사람은 크든, 작든 언젠가 난관에 부딪힌다. 고꾸라지는 날도 온다. 인생의 단맛만 본 사람은 실패했을 때 딛고 일어서지 못한다. 실패를 견디는 근육량이 모자라서 그렇다.

실패를 인정하는 것도 용기다. 실패했지만 다시 도전하는 것이 실력이다. 이 모두를 가진 사람만 탑티어가 된다.

실패해도 된다. 뭐 어쩌겠는가? 툭툭 털고 일어나야지. 핑계 댄다고 누가 알아주지 않는다. 그냥 받아들이자. 날 돌아보고 발전할 기회로 삼자. 그래야 실패가 자산이 된다.

06

재능이 중요할까,
노력이 중요할까?

재능충 vs 노력충, 그 비밀을 파헤친다

"아무리 노력해봤자, 재능 있는 사람을 어떻게 이겨요?"

이렇게 생각하는 사람이 의외로 많다. 틀린 말은 아니다.

재능 없으니까 포기할 건가? 그렇다면 이번 꼭지는 그냥 넘어가도 좋다.

재능이야 어떻든 대박 전업 작가가 될 때까지 도전해볼 텐가? 그럼 성공을 좌우하는 재능과 노력에 대해 한마디 하고 싶다.

예술도 엄연한 기술이다

웹소설을 쓰는 건 예술의 영역처럼 느껴진다. 사실 예술이 아니라고 할 수도 없지(예술보다 노동에 가깝다고 생각하지만). 어쨌든 한 분야에서 성공하려면 재능이 필요하다.

"재능은 무슨 재능? 노력만 하면 누구나 성공할 수 있어!" 이

거야말로 환상이다. 뭘 몰라서 하는 소리일 수도 있다. 성공한 사람 특유의 오만일 수도 있고.

웹소설 작가에겐 어떤 재능이 필요할까? 창의적인 세계를 만드는 재능, 단정하고 아름다운 문장을 쓰는 재능, 박진감 넘치는 플롯을 짜는 재능 등등. 그런데 이게 정말 재능일까? 내가 보기엔 기술이다. 꾸준히 반복 학습하면 숙련되는 기술.

당신의 꿈이 세계 최고의 자동차 정비사가 되는 거라고 가정해 보자. 일단 차에 관심이 많아야겠지. 정비 도구를 안전하게 다룰 줄도 알아야 한다. 수많은 자동차 브랜드와 특징을 줄줄 외우고 엔진, 변속 장치, 휠베이스에 대해서도 익혀야 한다. 그뿐인가? 수백, 수천 대의 차를 수리하면서 현장 경험을 쌓는 게 제일 중요하다.

천재적인 기억력이나, 고장 난 부분을 단번에 짚어내는 눈썰미가 없어도 일류 정비사가 될 수 있을 것 같다! 왜 그럴까? 정비사가 되는 데 재능보다 기술이 더 중요해 보이기 때문이다.

예술은 기술과 다르고, 그래서 노력보다는 얼핏 재능의 영역인 것 같다. 하지만 예술도 엄청난 노력을 바탕으로 한 기술의 영역일 때가 많다.

 Small TALK

대한민국의 자랑 김연아 선수를 떠올려보자. 빠른 스피드, 높은 점프와 긴 체공 시간, 창의적인 표현력이 피겨 스케이트의 여왕을 더욱 돋보이게 했다. 그녀는 한 시대에 한 번 나올까 말까 한 재능의 소유자일까, 아니면 타의 추종을 불허하는 연습광일까? 나는 '둘 다'라고 생각한다. 어쩌면 한 시대를 풍미했던 퀸연아를 만든 건 재능보다 노력의 힘이 컸을 수도 있다.

재능은 다이아몬드 원석이다. 갈고 닦지 않으면 조금 비싼 돌멩이에 불과하다. 그런 돌멩이, 의외로 많다. 당연한 말이지만 피나게 노력했음에도 부족한 재능 때문에 좌절하는 사람도 많다. 몹시 안타깝지만.

당신은 진짜 천재인가?

유독 좋은 것만 타고 나는 사람이 있다. 신의 축복을 듬뿍 받은 사람, 거기에 행운까지 따르는 사람이 있다. 그들은 남들보다 더 빨리, 더 높게 간다. 배가 아파도 어쩔 수 없다. 누군 건물주 부모 밑에서 태어나고 싶지 않아서 피한 줄 아는가? 세상엔 우리가 선택할 수 있는 것보다 선택하지 못하는 것 천지다.

단호하게 말하는데 웹소설은 재능만으로 비빌 수 있는 세계가 아니다. 웹소설뿐만 아니라 프로의 세계는 다 그렇다. 별다른 노력도 없이 재능으로 성공했다? 그 사람은 0.001%의 진짜 천재이거나, 천재처럼 보이고 싶어서 안달 난 관종이다.

진짜 천재도 있겠지. 하늘이 내린 행운을 몰빵 받는 사람도 있다. 하지만 나는 아니다. 당신도 아닐 확률이 높다. 그래도 실망할 필요 없다. 당신이 선망하고 존경하는 대부분의 작가들도 아닐 테니까.

"당신은 대단한 천재군요! 재능이 부럽습니다!"

누군가 이렇게 묻는다면 '천재처럼 보이는 작가들'은 무척 기분 나빠할 것이다. 그 자리에 오르기까지의 험난한 과정과 노력을 무시하는 것처럼 들릴 테니까.

"그래도 손톱만큼의 재능은 있어야 작가가 될 거 아니에요?

재능 없어서 좌절하는 사람도 많다면서요?"

물론 재능은 필요하다. 하지만 당신이 간과하는 부분이 있다. 많든 적든 '작가가 되고 싶다는 생각을 한다'는 것만으로도 재능을 가진 거다.

무슨 '개소리'냐고? 아니다. 입에 발린 말도 아니다. 작가의 재능이 없는 사람은 일단 책을 안 읽는다. 글 쓰느니 차라리 목을 조르라고 하는 사람도 있다. 읽는다고 해도 타인의 창작물을 즐기는 것에 만족한다. 하지만 당신은 아니지 않나? 당신만의 이야기를 쓰고 싶잖아? 당신만의 세계를 인정받고 싶잖아? 그것도 재능이다. 대박 작가가 꼭 가져야 하는.

"작가는 되고 싶은데 글을 쓰기 싫을 때가 많아요. 저는 가망 없겠죠?"

별로 놀랍지 않은 이야기를 해주겠다. 사실 전업 작가들도 글 쓰는 거 싫어한다. '글이 너무 좋아! 작업하는 시간이 제일 행복해!' 이렇게 생각하는 작가도 있겠지. 하지만 "오늘은 어떻게 분량을 채우나. 얼른 쓰고 놀고 싶다."라며 궁시렁대는 작가가 훨씬 많을 거다.

글 쓰는 거 힘들거든! 허리도 아프고 손목도 저리거든! 글 쓰는 것보다 재미있는 게 너무 많기도 하고.

글쓰기는 숙련된 기술이라고 했지? 그 기술을 써서 먹고사는 건 고상한 예술 활동이 아니다. 생계이고 노동이다. 작가가 되었다고 작업 시간이 내내 신나고 행복할 수만은 없다.

작업이 신날 때도 있다. 두 시간 걸릴 분량, 한 시간 반 만에 썼을 때, 획기적인 반전이 떠올랐을 때, 아무 생각 없이 쓴 소재가 트리거 됐을 때, 생명력을 가진 캐릭터들이 아웅다웅할 때, 독자 반응이 좋을 때.

당연한 말이지만 인세 들어올 때가 제일 신난다. 그때를 제외하고는 썩 재미있지는 않다. 적어도 나는 그렇다. 그래도 써야 한다. 나는 작가니까. 공과금도 내고 삼겹살도 사 먹어야 하니까.

재능 없는 작가에게는 두 가지 길이 있다

아는 작가 중에 인기작을 꾸준히 내는 작가가 있다. 그 작가는 항상 '나는 재능이 없어서…'라고 입버릇처럼 말한다. 하지만 재능이 없다면서 인세는 잘만 벌어들인다.

"앞뒤가 안 맞잖아? 겸손한 거야, 컨셉이야?"

처음엔 의심 어린 눈초리로 봤다. 알고 보니 그 작가는 최근 인기작을 모조리 읽고 있었다. 단순히 많이 읽는 것도 아니었다. 트렌드가 어떻게 바뀌고 있는지, 어떤 단어가 많이 사용되는지, 단락 호흡은 어떤지 전부 알고 있었다. 자기 작품에 달린 악플도 읽고, 오답 노트 쓰듯이 분석도 한다.

"재능이 없으니까 그런 거라도 하는 거지. 분석도 안 하고 보완도 안 하면 어떻게 버티겠어?"

대단하지 않은가? 스스로 재능이 없다고 생각하는 사람에겐 다음 두 가지 길이 있다.

1. 재능 부족을 다른 방식으로 채운다.

2. 가망 없으니까 포기한다.

재능이 없으면 빨리 포기하는 게 낫지 않냐고? 음… 아무리 애써도 남들 보통 수준도 안 된다면, 그래서 버틸 힘이 남지 않았다면 그만두는 게 낫다. 글 쓰는 게 불행하다면 그만둬야지! 글이 무슨 인생의 전부인가? 불행한데 왜 억지로 잡아? 포기하는 것도 용기다. 인생 짧다. 삶의 목표 같은 건 언제든지 바꿔도 된다. 당신이 편한 길로 가시라. 그게 존버보다 현명하다.

내 동생은 사범대를 졸업했다. 국비 장학생으로 뽑힐 만큼 성적도 우수했다. 동생은 임용고시를 정말 열심히 준비했다. 누구도 그 노력에 대해 말을 보탤 수 없을 만큼. 하지만 떨어졌고 그만뒀다. 가족들이 일 년만 더 해보라고 권했지만, 고개를 저었다.

"더 열심히 할 자신이 없어. 정말 최선을 다했는데 안 됐어. 그러니까 그만할래."

그날 동생이 참 멋있게 보였다. 이후로도 동생은 자신의 선택을 단 한 번도 후회하지 않았다. 후회 없을 만큼 최선을 다했기 때문이었다.

**노력충을
비하하지 마라**

"노력하는 것도 재능이잖아요! 노력도 노력하는 재능을 타고난 사람만 할 수 있는 거예요!"

이렇게 생각하는 사람은 진짜 답 없다. 솔직히 말해볼까? 노력은 하기 싫고 결과는 얻고 싶겠지. 결과가 안 나오니까 재능 핑계 대며 도망치는 거고. 아무런 투자도 안 하고 돈방석에 앉으려는 건 도둑 심보다.

한때 '노오오오력'이란 말이 유행했다. '노력충'이란 단어도 폭넓게 종종 쓰인다.

"안 되면 되게 해야지!

네가 성공하지 못한 건 노력을 안 해서야!"

듣는 순간 피로감이 꽉 몰려온다. 나 역시 노력만능설 따위는 믿지 않는다. 살면서 노력보다 운이 중요하다는 걸 여러 번 경험했기 때문이다. 신춘문예에 등단하고 나서 이런 생각을 했다.

'아! 이거 진짜 운이구나! 어느 정도 수준에 도달하면 나머지는 그냥 운이구나.'

매번 최종심에서 미끄러졌던 때나, 등단했을 때나, 내 필력은 그대로였다. 그토록 찾아오지 않던 문운이 2020년에 쏟아진 것뿐이다. 어쩌면 재능보다, 기술보다, 운이 중요할 수도 있다. 어떤 사람들은 인정하지 않겠지만.

노력해도 안 되는 게 분명히 있다. 운이 따라줘야 일이 풀리는데, 그 운이란 놈이 아무 때나 오지 않는다. 사실 아무 때나 운이 들어와도 문제다. 실력은 쥐뿔도 없는데 행운이 찾아온다면? 잠깐 반짝하고 사그라드는 불꽃으로 만족해야겠지.

노력충, 의지력 드립을 볼 때마다 씁쓸하다. 열심히 하는 사람을 비웃는 것 같아서. 가진 건 없지만 성공을 위해 애쓰는 사람들을 비하하지 말자. 노력할 근성도 없으면서 타인의 성취를 함부로 까지 말자. 행운은 비웃는 사람이 아닌 애쓰는 사람에게 찾아간다.

존버가 답은 아니다

내가 생각하는 성공의 조건은 재능＋운＋노력이다. 즉, 세 가지 조건이 맞아떨어질 때까지 버티는 건 기본이다.

그렇지만 버티기만 한다고 성공이 저절로 찾아오지 않는다. 가만히 있는 건 후퇴하는 거다. 세상엔 재능 있는 사람이 엄청 많다. 재능도 있고 운까지 따라주는 사람도 있다. 우리도 멈추지 말아야 뒤처지지 않는다.

뼈가 부서지고 살이 찢어지도록 열심히 노력하란 뜻이 아니다. 그거 별로다. 올인하면 빨리 지칠 뿐이다. 죽도록 노력하는 것보다 적당히, 그리고 꾸준히 하는 걸 추천한다.

씨도 안 뿌렸는데 나무에서 열매가 주렁주렁 열리길 기대하는가? 소용없다. 세상은 레드오션 천지다. 손이 부르트도록 밭 갈아도 열매 맺기 힘들다. 언제 단비가 내릴지, 태풍이 불지는 내가 결정할 수 있는 게 아니다. 뼈 빠지게 고생했는데 망할 수도 있다.

그걸 알면서 밭 가는 걸 멈추지 않을 때 당신은 단비를 맞게 될 거고, 누구보다 탐스러운 열매를 따게 될 거다. 잊지 마시길! 당신에게도 재능이 있다. 제대로 훈련하지 않았거나 스스로 과소평가하고 있을 뿐!

07

첫술에 배부르고 싶은
당신에게!

후회하지 않는 선택의 모든 것

나도 그랬다. 첫술에 배부르고 싶었다. '천재 작가', '초년 성공', 모두 날 위한 단어 같았다. 왜냐? 잘할 자신이 있었거든. 객관적으로 봐도 내가 좀 잘났거든.

세 살 때 한글을 혼자 익혔고, 초등학교에 가기 전부터 이야기를 만들었다. 그게 나만의 놀이였다. 누구보다 책을 많이 읽었고, 글만 쓰면 상을 탔다. 읽지도 않은 책으로 독후감 상도 받았다. 그 독후감이 학교 대표작으로 선정되어 시 대회, 도 대회에서 상도 탔다.

내가 작가가 안 되면 누가 돼? 신춘문예에 한방에 등단하고, 한국 문단을 씹어먹는 샛별이 될 줄만 알았다. 하지만 현실은 냉혹했다. 같이 글 쓰던 문우들은 다 등단하는데 나만 계속 미끄러졌으니까.

조급하면 안 된다는 거 누가 몰라? 첫술에 배부를 수 없다는 거 누가 모르냐고? 그런데도 조급해지는 게 사람 마음이다.

결국 선택의 문제다

첫술에 배부르고 싶은 이유가 뭘까? 바로 '선택' 때문이다. 이 길로 들어서면서 우리는 다른 길을 포기해야만 했다. 그 과정이 순탄하기만 했을까? 고민하느라 날밤 꼬박 새웠을 거다. 가족 친지들과 싸우기도 했겠지.

한 번의 선택으로 인생의 성공과 실패가 결판날 것만 같다. 그러니까 얼른 성과를 보이고 싶은 거다. 내가 옳은 선택을 했다는 증거가 필요하니까. 기를 쓰고 날 반대했던 사람들한테 '이것 봐! 내가 한다면 한다고!' 본때도 보여주고 싶으니까.

그뿐이랴? 포기했던 길, 선택하지 않았던 B 루트에 대한 후회도 지워버리고 싶다. 그러려면 내가 서 있는 지금 A 루트에서 얼른 성과가 나와야 한다.

첫술에 배부르고 싶은 마음은 단순히 '빨리 성공하고 싶어! 별로 노력하진 않았지만, 난 천재잖아!'라는 도둑놈 심보와는 다르다. 그저 내 선택을 인정받고 싶은 거다. 그래서 불안을 덜고 싶은 거다. 그 마음 누구보다 내가 잘 안다. 성과에 대한 기대, 실패했을 때의 좌절, 자신감이 올가미가 될 때의 고통을 말이다.

다들 자신감을 찬양한다. 하지만 자신감이 꼭 좋기만 한 건 아니다. 자신감은 나에 대한 기대감이다. 기대가 높을수록 실패했을 때 실망이 커진다. 어른들은 이런 이야기를 잘 안 해준다. 아이들의 자신감을 높이는 데만 몰두한다. 고래도 춤추게 한다며? 우쭈쭈 칭찬을 아끼지 않는다.

그렇게 자란 아이들일수록 실패를 두려워한다. 주변의 기대뿐만 아니라 나에 대한 믿음이 무너질까봐 전전긍긍한다. '잘나고 똑똑한 아이'라는 평판이 깨질까 봐 어려운 과제에는 도전을 피하려는 경향도 생긴다. 실패에 대한 면역이 없는 거다.

그렇다고 자신감이 낮아야 좋다는 건 절대 아니다! 자신감이 낮으면 '난 뭘 해도 안 돼. 망하는 게 당연하지.' 식의 패배감에 휩싸이기 쉽다. 항상 주눅 들고, 원하는 것이 있어도 제 목소리를 내지 못한다. 부정적인 사고방식은 살아생전 도움이 되지 않는다.

높은 자신감이 나쁘다는 게 아니라 길게 봤을 때 반작용이 생길 수 있다는 뜻이다. 차라리 대충했으면 모르겠는데, 열심히 했는데도 성과가 안 나오면 자존심이 팍 상한다. 빨리 포기하고 이제라도 B 루트로 가는 게 낫지 않을까? 고민의 밤은 또다시 길어진다.

우리는 늘 선택의 기로에 선다. 선택하면 책임도 져야 한다. 포기해야 했던 B 루트에 대한 아쉬움도 그중 하나다. 잠깐 우리 엄마 이야기를 해볼까 한다.

엄마는 오랫동안 내게 임용고시를 보라고 충고하셨다. 대학교에서 교직 이수를 하지 않았을 땐 나를 이상한 애 취급하셨다. 학교에서 시간강사로 일하기 시작하자, 교육대학원 보내줄 테니 임용고시를 준비해보자고 하셨다. 잘난 내 딸이 일용직 노동자 취급받는 게 괴로우셨나 보다.

엄마의 충고를 받아들여서 임용 준비했다면 어땠을까? 10년 동안 치킨값도 못 벌며 방구석에서 글만 썼던 것보다는 훨씬 낫지 않았을까? 철밥통 평생직장, 남들 부러워하는 전문직 여성, 결혼정보회사 일등 신붓감, 육아 휴직도 자유롭고, 방학 때는 해외여행도 가고… 너무너무 좋을 것 같은가? 여기에 선택의 함정이 있다.

내가 선택하지 않은 길이 더 좋아 보이고, 그쪽으로 가기만 했으면 모든 게 잘 풀렸을 거라는 착각! A 루트 현실은 시궁창인데, 가보지 않은 B 루트엔 막 꽃길 돈길 난리도 아니다. 원래 환상이라는 게 그렇다.

현실은 리얼하다. 얼마나 피곤한지, 구질구질한지 속속들이 알고 있다. 하지만 '내가 만약… 했다면' 상상의 세계는 늘 화려하고 아름답다.

현실의 고통이 크면 클수록 과거의 선택은 후회스럽기만 하다. 잠시 냉정해지자. 거기라고 꼭 좋기만 했을까? 여기보다 최악일 가능성은 진짜 하나도 없는가?

엄마 충고대로 임용고시를 준비했다고 치자. 그 어렵다는 임용고시, 노력의 화신 내 동생도 떨어진 그 임용고시를 패스했으리란 보장이 과연 어디에 있는가?

고시 공부하느라 청춘만 낭비했을 수도 있다. 어렵게 선생님이 되었더라도 적성에 너무 안 맞아서 때려치웠을 수도 있다. 불같은 성격을 참지 못하고 학생이나 학부모와 문제를 일으켰을 수도 있겠지. 그리곤 내가 선택하지 않은 작가의 길을 아쉬워했겠지. 지금과 똑같은 패턴으로.

이거 봐라. 나는 아주 운 좋게 지옥을 피해 최선의 선택을 한 것일 수도 있다.

후회하지 않는 선택을 하는 법

후회하지 않으려면 일단 내 선택을 믿어줘야 한다. 그리고 의심하지 않아야 한다.

첫술에 배부르지 않아도 '뭐, 그럴 수 있지. 언젠가 잘 되겠지. 나라고 쥐구멍에서만 살겠어?' 힘내줘야 후회가 없다. 우리는 소설의 주인공처럼 과거로 회귀할 수 없다. 선택을 바꾸고 새 인생을 살 수도 없다. 그러니까 가지 않은 길을 돌아보며 시간 낭비하지 말자.

당신은 옳은 선택을 했다.
당신에 대해서 가장 잘 아는 당신이,
오랜 고민 끝에 내린 결정이니, 너무나 당연하지 않은가?

이걸 당신 자신이 믿어줘야 한다.

당신이 믿어주지 않으면 누가 믿어주는가?

누구도 내 인생을 대신 선택해주지 않는다. 아니, 선택권을 남에게 양도하면 안 된다. 남이 떠먹여준 꽃길은 내 손으로 골라잡은 흙길보다 구리다.

원하는 결과를 당장 얻긴 힘들다. 하지만 대부분의 성공한 사람은 첫술에 배부르지 않았다. 그들이 성공할 수 있었던 건, 어떤 순간에도 자신을 믿고 포기하지 않았기 때문이다.

첫술이 허기를 달래주지 못했다면 한술 더 뜨면 된다.

한술 두술, 그렇게 한 그릇 먹다 보면 먹은 만큼 배가 불러올 것이다.

힘내자! 당신, 반드시 할 수 있다.